ANTONIO CONTE
con Antonio Di Rosa

Testa, cuore e gambe

Rizzoli

ISBN 978-88-17-06092-9

Prima edizione: maggio 2013

L'Editore desidera ringraziare sentitamente l'avvocato Antonio De Rensis per l'eccezionale disponibilità e la insostituibile, generosa collaborazione dimostrate in tutte le fasi della lavorazione di questo libro.

Testa, cuore e gambe

Prologo

Glasgow, 12 febbraio 2013. Ore 20,40

Lo stadio ribolle di bianco e di verde, i colori del Celtic padrone di casa.

Nel tunnel degli spogliatoi la tensione si taglia con il coltello e ognuno la gestisce a modo suo. Gigi, che è lì in testa al gruppo con la fascia di capitano al braccio, scherza con qualcuno. Io aspetto nervosamente la chiamata dell'arbitro per entrare finalmente in campo. Ormai mancano pochi minuti all'inizio di Celtic-Juventus, ottavi di finale di questa Champions 2012/13.

I bambini, nel cerchio di centrocampo, sono già pronti ad agitare tra le mani il grande telone bianco e nero con il logo della manifestazione, sulle note inconfondibili di quell'inno che anima i sogni dei tifosi di mezzo mondo. In tribuna stanno arrivando alla spicciolata gli spettatori dell'ultimo momento; la maggior parte invece ha già preso posto dal tardo pomeriggio, incurante del freddo di questa serata scozzese. I telefonini di tutti sono pronti a riprendere l'ingresso in campo delle squadre.

Sono ancora nel tunnel ma potrei raccontarne tanti altri, di piccoli dettagli come questi. È come se li avessi davanti agli occhi.

Ormai li conosco bene perché le prime sei partite, tutte quelle del girone eliminatorio, le ho viste dall'alto, in un gabbiotto che chiamano Sky Box e che invece, ve l'assicuro, è un posto molto più vicino all'inferno che al cielo. Ingiusta squalifica! Mi corre un brivido lungo la schiena pensando che, se non fossimo riusciti ad arrivare agli ottavi, non avrei potuto vivere un momento come questo, non avrei avuto neppure l'occasione di esordire da allenatore in Champions League. Non ci sarebbe stata questa serata magica e adesso non starei ascoltando questo canto che arriva alle mie orecchie potente come una palla di cannone e dolce come una carezza.

When you walk through a storm
Hold your head up high
And don't be afraid of the dark...

Per fortuna un po' di inglese lo conosco. E poi questa è veramente comprensibile: quando cammini attraverso una tempesta, tieni la testa alta e non avere paura del buio. I tifosi del Celtic stanno intonando il più celebre inno d'amore che si possa ascoltare su un campo di calcio. Le note di *You'll never walk alone* riempiono lo stadio e sembrano smuoverlo dalle fondamenta al cielo. Ho sempre pensato si tratti di un canto meraviglioso perché non parla solo ai beniamini del pubblico di casa. Non c'è traccia di odio verso gli avversari, non mira all'intimidazione. Riscalda il cuore di tutti, dall'ultimo dei tifosi al primo dei fuoriclasse. Sembra rivolgersi, uno per uno, a chiunque abbia provato molte delle emozioni più intense della propria vita guardando una partita di calcio.

Walk on through the wind
Walk on through the rain...
And you'll never walk alone
You'll never walk alone

Attraversa il vento, attraversa la pioggia, e non camminerai mai solo.

Il Celtic Park sta parlando anche a me, anche se sto per entrare in campo da allenatore avversario. È un benvenuto, una bella accoglienza: «Finalmente, Antonio, ti stavamo aspettando».

Non camminerai mai solo.

Di certo non ho camminato da solo per arrivare fino a qui.

È una storia – e una strada – lunga, costellata di incontri più o meno fortunati, di visi amici e di altri non certo rassicuranti. Di giorni di gloria e crisi nerissime. È una storia, la mia, fatta per buona parte di calcio e di passione: quella che ti spinge ad andare più forte di tutti, oltre i tuoi limiti, anche quando parti dalle retrovie e davanti ne hai cento. È una storia che rivivo in un respiro, nel tempo che occorre per chiudere gli occhi, riaprirli e rendersi conto di non averla soltanto sognata. È una storia che incomincia a Lecce, tanti anni fa, con una macchina che fa capolino dal fondo di una strada...

Capitolo uno

Il ragazzo di strada

«Antonio, guarda in fondo alla strada. Papà sta arrivando con un macchinone» grida mio fratello Gianluca.

«Mamma mia come è bella. Tutta azzurra, tutta cromata... I raggi del sole ci battono sopra e tornano indietro» dico a mia madre con gli occhi che brillano per la gioia. Papà Cosimo, Cosimino per gli amici, è a bordo di una Fiat 131 fiammante. Dev'essere il suo ultimo acquisto, lui noleggia auto. Ogni volta che torna a casa con una macchina nuova si fa festa. Solo che di solito si tratta di auto piccole. Alla fine degli anni Settanta la gente ha pochi soldi da spendere e le utilitarie consumano meno. Però chi si deve sposare chiede a mio padre qualcosa di diverso.

«Cosimino, il matrimonio è un giorno speciale e ci vuole un'auto speciale. Che ci facciamo con la 600?» E Cosimino provvede. Ecco il perché della 131.

Quando arriva a pochi metri dalla casa, papà tira fuori la mano sinistra dal finestrino e ci fa un gesto. Ci invita a salire.

«Facciamo un giro, così la provate anche voi.»

Gli amici della palazzina si sono radunati in cortile

e fanno da cornice alla 131 come se fosse la star di un grande evento. Tutti la sfiorano, ci infilano dentro la testa per guardare gli accessori.

«Hai visto i sedili come sono?»

«Bella, bellissima.» La meraviglia gira di bocca in bocca.

Ma Cosimino ha fretta: «Dai, ragazzi, fate salire la mia famiglia così partiamo». No, non andiamo a fare un tour della città, solo un giro attorno all'isolato. Altrimenti si spreca benzina.

«Papà, accelera!» diciamo io e mio fratello per provare il potente motore della 131. Cosimino scuote la testa: «Ragazzi, state calmi. Non è che la dobbiamo sfasciare subito. È nuova, mi serve per i matrimoni».

In via Casanello, a Lecce, oggi ribattezzata via Parini, trascorro gli anni della mia infanzia. Ricordo tutto e tutti: i colori della casa, le facce dei miei amici, mia zia Teresa – sorella di mia madre –, mia nonna. E i miei due fratelli: Gianluca, che ha tre anni meno di me e che oggi studia gli avversari che andiamo via via ad affrontare; e Daniele, il piccolo di casa, che mi sono portato dietro a Torino quando aveva sedici anni e provava anche lui a diventare calciatore. Oggi ne ha trentuno, lavora in banca e mi aiuta a gestire gli aspetti economici della mia professione.

Al pianterreno zia Teresa la fa da padrona. Mia madre Ada ha una piccola stanza dove fa la sarta. È molto brava, fa persino gli abiti da sposa. Noi abitiamo al primo piano ma, quando siamo a casa, soggiorniamo giù perché mia mamma lavora lì.

Nella mia famiglia non si dà peso al denaro, tanto ce n'è poco. Ma non ci manca niente. Io passo tutta la roba che non metto più a mio fratello Gianluca che, a sua volta, poi la passerà a Daniele. Sono tempi in cui non ti cambi tutti i giorni, ti vesti il lunedì e vai avanti fino a domenica. Insomma, abiti e magliette sono gli stessi per una settimana. Da bambino sudi, stai in strada, ti impolveri, ti stropicci, magari ti procuri qualche strappetto qui e là. Nessun problema. Mia madre cuce e rattoppa e soprattutto, ogni sera, ci sottopone al famoso bagno nella pila.

«Forza ragazzi, dentro!» è il segnale che ormai conosciamo a memoria. Prima di andare a letto mettiamo i pigiami sulla vecchia stufa perché in casa fa molto freddo. Peccato che questi pigiami si bruciano regolarmente perché non li togliamo dal fuoco in tempo. Ma ce li mettiamo lo stesso, mezzi bruciacchiati, per evitare le sgridate di mamma. Così il pigiamotto cambia colore, macchiato da patacche nere. Che ridere! Be', fino a quando non ci scoprono e lì casca tutto.

«Disgraziati, cos'avete fatto?» urla mia madre. La sequenza successiva è un classico: sculacciate e ceffoni, quando ci prende, poi cucchiaio di legno e battipanni. Insomma, quando combiniamo qualcosa ci insegue per tutta la casa.

«Non posso più usare le mani, mi faccio male» ripete. Ultimo stadio: minaccia di raccontare tutto a Cosimino. Quando lo fa, la scena serale è quasi sempre la stessa. D'altronde ogni giorno finisco per fare a cazzotti con qualcuno; vivendo molto in strada è inevitabile, ma a mamma Ada non sfugge nulla e, quando non mi becca direttamente lei, qualche amico di famiglia si esercita nelle soffiate: «Guarda che tuo figlio ha partecipato a una rissa, se le sono date di santa ragione». Negare poi è difficile, i segni con cui mi presento a casa spesso sono ben visibili.

«Cosa hai fatto? Cosa sono questi graffi sul collo e sulla faccia?»

Mia madre vuole spiegazioni e quando si accorge che racconto bugie dice tutto a papà. Divento matto. Dalle 7 alle 9 di sera (ora in cui rincasa mio padre) la imploro di non dirgli nulla. Con tutta la mia capacità di persuasione, prometto ogni cosa. È l'unico momento in cui la temo veramente. Le sue botte non mi fanno male più di tanto, ma di mio padre arrabbiato ho molta più paura.

«Mamma non lo faccio più, credimi.» Mi inginocchio per essere più credibile ma lei è inflessibile: «Ah sì, l'hai detto già, l'hai detto già. Non ti credo».

Non ho molto tempo per pensare alla strategia da adottare. Mangio in fretta e corro a letto, così papà penserà che sto dormendo. Oserà svegliarmi? Molto probabile, ma quella è l'unica soluzione che mi viene in mente. Dalla camera da letto accosto le orecchie alla porta per sentire il resoconto che gli sta facendo mia madre. Dettagliato. Minuzioso. Senza sconti. Come solo le mamme sanno fare quando sono inviperite e preoccupate nello stesso tempo. Rischio di non farla franca. Dallo spiraglio della porta socchiusa vedo mio padre che si avvicina, entra nella stanza, accende la luce e tira via la coperta. Non tento di fuggire. Peggiorerei soltanto la situazione. E se poi si arrabbia di più? La tattica funziona sempre. Mio padre si avvicina e mi chiede se voglio "assaggiare" la cinghia. Io non mi muovo, non parlo e dopo un po', evidentemente intenerito, Cosimino si allontana ripetendomi: «La prossima volta non te la scampi».

Senza le regole dettate dai miei genitori, stare in strada sarebbe pericoloso. E io, fino ai dodici anni, ci sto tantissimo. La strada è casa nostra. Mia e dei miei amici. Ci sono poche auto in giro, giochiamo a calcio dalla mattina alla sera. Gli alberi fungono da porte e la partita può cominciare. Ogni tanto sbuca un'auto e qualcuno avverte: «Oooh, palla ferma... ci stanno le macchine». Con me ci sono sempre Francesco e Betta, i figli dei nostri vicini di casa. Lui è perfetto perché è l'unico del gruppo a cui piace stare in porta. Betta è molto simpatica, si trova meglio a giocare con noi maschietti che con le altre bambine. Un giorno ci guardiamo negli occhi e ci scambiamo un bacetto. Un gesto tenero e senza malizia, come avviene tra ragazzini di otto anni.

Fin quando restiamo nei dintorni di casa, godiamo di una specie di immunità. Le nostre sono tutte famiglie senza tanti soldi ma anche senza grilli per la testa. Rigide. Severe nell'educazione dei più piccoli, come se si fossero scambiate la parola. Ci danno un occhio a turno, non c'è un accordo preciso tra gli adulti ma sentiamo di non essere mai soli.

La strada è il nostro campo da calcio, ma anche il nostro campo da tennis... Tutto. Ogni tanto, per cambiare un po', tracciamo con il gesso una linea bianca sull'asfalto. Io faccio Borg, un altro si spaccia per McEnroe, anche se sappiamo tenere a malapena la racchetta in mano. Ogni giorno ci inventiamo una cosa diversa. Giochiamo con le biglie da mandare in buca. O con i giornalini, con le carte, a fruscio e primiera. Altre volte andiamo in giro a cercare i tappi di bottiglia dei quali facciamo collezione. Una vera mania. Spesso finisce a mazzate anche per i tappi. Succede quando uno arriva prima dell'altro con un tappo di bitter Campari o dell'acqua San Pellegrino. Una posta piuttosto bassa.

Giocare è tanto, ma non è tutto. C'è la scuola. A cinque anni, strano a dirsi per un bambino di strada, piango e batto i piedi: «Mamma, voglio andare in prima elementare, non voglio più aspettare». La stresso tutti i giorni fino a quando lei non comincia a fare il giro degli istituti per capire dove organizzano la primina. Non mi prende nessuno eccetto un istituto del centro storico, il "De Amicis", nel quartiere della Chiesa Greca. Su cento bambini, novanta sono scapestrati. Mia madre mi avverte di stare attento. Io vado senza paura ma effettivamente l'inizio è difficile. I miei compagni di banco invece dei quaderni si portano il "mollettone": un coltello che quando schiacci fa *tlac* ed esce una lama gigantesca. E lo girano sul banco con il dito a mo' di bottiglia. Sfidano gli adulti, vogliono dimostrare di essere più grandi di loro. La maestra Turchiuli s'impegna, fa il possibile, ma vive nella preoccupazione. In questa scuola non c'è posto per una donna che desidera insegnare qualcosa ai ragazzi; meglio un'assistente sociale, visto il parterre. La Turchiuli una volta rimprovera Cesare, un mio compagno di classe. E questo che fa? Prende un banco e lo butta giù in giardino! Se passa qualcuno, lo ammazza.

Al "De Amicis" studio veramente poco. A un certo punto vado da mia madre e le dico: «Senti, io devo cambiare scuola. Qui non imparo un bel niente. E non è colpa della maestra Turchiuli...». La situazione è così a rischio che all'uscita ci vengono a prendere sempre i genitori, per evitare che nel tragitto scuola-casa succeda qualcosa. Una volta, mentre siamo in classe, sentiamo sparare e una coltre di fumogeni avvolge tutto l'edificio. Una retata della polizia.

Resisto qualche anno, poi mia madre si convince che lì non tira buona aria. Capisce che ho ragione a voler andare via e mi iscrive alla "Cesare Battisti", un istituto molto tradizionale in un quartiere tranquillo. Un trauma. Compagni nuovi, maestra nuova, tutto nuovo. Ormai sono in quinta elementare. L'insegnante comincia a parlare di analisi grammaticale: l'articolo determinativo maschile... Mi dico: «Oddio, che cos'è questa roba? Alla vecchia scuola non abbiamo studiato nessuna grammatica...». Mi rendo conto che sono a digiuno. La maestra pensa che io fino a quel momento non abbia studiato nulla e non ha tutti i torti, anche se in realtà ce l'ho messa tutta. Mi guarda con occhio severo. Faccio fatica, soprattutto in italiano. Un giorno mi dà un tema da fare a casa: "Le mie vacanze ideali". L'insegnante me lo fa rifare dieci volte. Diventa matta perché uso il termine "comodose" per descrivere le sedie della nave da crociera di cui parlo nel tema. Mi lascio ingannare dalla pubblicità della Fiat Uno che ho visto in tv: «È comodosa, è chiccosa, è risparmiosa». Insomma, non so che fare. Sono in difficoltà. Arrivare all'*appena sufficiente* è un miracolo. Oscillo sempre tra *mediocre* e *più che mediocre*. Mi tocca fare cinque anni in uno, tipo Cepu delle elementari.

L'esame riesco a superarlo a stento, poi mi iscrivo alla scuola media "Quinto Ennio". Il primo anno partecipo ai Giochi della Gioventù e primeggio in tutte le specialità. Le gare si svolgono in un'area dove normalmente fanno le corse dei cavalli. Prima della partenza della corsa campestre il prof di ginnastica ci suggerisce: «Non siate minchioni. Se partite sparati, non arrivate più». Io scatto come una saetta a duemila all'ora. Dopo due giri vomito, perché al mattino ho mangiato pesantissimo. Sono morto ma arrivo ugualmente primo.

I tre anni alle medie sono un periodo bellissimo e tutte le esperienze che fai in quegli anni chiave, te le ritrovi poi nel cuore, nell'anima e nella testa. Se hai un'educazione forte distingui il bene dal male, altrimenti sei fottuto. Io ho un'educazione forte: riesco a vedere il male senza finirci dentro, evitando di fare sciocchezze irreparabili.

Intanto, ovviamente, gioco a calcio. Faccio parte della Juventina Lecce, la società di cui mio padre è presidente e tuttofare. Il nome della squadra sembra già anticipare il mio destino. Non solo. A dieci anni partecipo a un concorso indetto da un quotidiano locale: "Disegna il tuo calciatore preferito". Armato di carta e matita, scelgo Roberto Bettega.

Ci alleniamo proprio alla Chiesa Greca, una zona che per esperienza conosco bene, al vecchio stadio "Carlo Pranzo". Oltre a noi della Juventina ci sono la Grassi Lecce, la Pro Patria, la Mec. Un viavai di ragazzi, e non sempre degli stinchi di santo. Quando mi alleno devo guardarmi intorno. Arrivo sempre con un pantalone vecchio. Quello nuovo ce l'ho ma non lo porto. Quante volte qualcuno ha pensato bene di sfoggiare al campo una maglietta appena comprata e, alla fine dell'allenamento, se n'è dovuto tornare a casa a torso nudo! Hai un motorino? Meglio farne a meno. Hai una bicicletta nuova? Lasciala a casa. E quante volte i miei amici hanno dovuto chiamare il padre: «Sono a piedi, mi hanno rubato la bici!». L'ambiente è difficile. Capita che durante una partita o un allenamento il mister sgridi i ragazzi che fanno di testa propria o che non si allenano bene. E come reagiscono questi tipi? Si lamentano e imprecano...

L'unico di cui hanno soggezione è mio padre. Lui è sempre stato il terrore assoluto per i ragazzi e al "Carlo Pranzo" c'è bisogno di una figura autorevole. Quando Cosimino arriva nello spogliatoio, nessuno fiata. Una volta entra mentre ci stiamo cambiando dopo un allenamento e trova praticamente una piscina. Il pavimento è un pantano. Perché? Perché il mio amico Sandro ha appena tappato la doccia con la mano per innaffiare tutta la stanza, dalle panche al soffitto. Guardo mio padre e sbianco per la paura. Quando scopre una bravata del genere, il primo ceffone è per me, anche se non c'entro.

«Nessuno deve dire che ti tratto in maniera diversa perché sei mio figlio. Dunque, se succede qualcosa, la colpa è anche tua.» Bah. A me non sembra tanto giusto. Qualche volta provo a replicare: «Papà, ma io non ho fatto niente, non c'entro!».

«Non importa, lo schiaffo te lo prendi lo stesso.»

Questa cosa fa sghignazzare tutti i miei compagni. «Noi ci prendiamo le mazzate ma la prima botta la prendi tu» mi dicono sempre.

Cosimino guarda lo spogliatoio allagato ed è furente. Penso: "Ora le prendo". Tra l'altro siamo lì in tre, io, Sandro e un altro ragazzo, perciò le possibilità sono più alte del solito. Invece lui prende per un orecchio Sandro, lo solleva su un piccolo banco che chissà lì dentro come ci era arrivato, e inizia a rimproverarlo.

Mio padre non ha paura di questi ragazzi né delle loro famiglie ma è conscio che, se qualche mio compagno andasse a lamentarsi a casa per un eventuale ceffone ricevuto, potrebbero esserci conseguenze. Però Cosimino è sempre vissuto qui, conosce tutti. La gente sa che è severo nell'educare i giovani, con me ancora di più, ma gli è grata perché contribuisce a impartire sane regole di vita a noi ragazzi. Cosimino gestisce la Juventina da solo. Fa l'allenatore, il magazziniere, il dirigente, prepara il tè per i giocatori (con limone e tanto zucchero). Non si è scelto di certo un compito facile in quell'ambiente, eppure a volte si toglie il pane, per tenere la sua Juventina.

Viviamo in un contesto fatto anche di personaggi al limite, pieni di soldi, mentre io non ho mai una lira in tasca. Non vado al cinema, tanto che resta nella storia la volta che, con mia zia e mia madre, andiamo a vedere *King Kong*. Mai una pizza. Mai soldi per uscire con gli amici. Non mi manca niente, ma è dura andare in giro sempre con le tasche vuote. Capisco le esigenze della famiglia e il valore del denaro, ma per un ragazzino di tredici-quattordici anni ce ne vuole a digerirla del tutto.

Un altro esempio? Le Big Babol. Un vero incubo. Da un pezzo la tv ci bombarda con la pubblicità di questo nuovo chewing-gum. Vedo passare i miei coetanei che fanno i palloncini mentre le masticano, ma io non posso comprarle. Come fare ad assaggiarle? Un bel giorno viene da me un amico, Paolo, un perticone che gioca anche lui a calcio: «Ho i soldi e voglio comprarmi le Big Babol. Se mi accompagni al Bar Adriano, te ne do una».

«Caro Paolo, ti accompagnerei anche se mi chiedessi di andarle a comprare a dodici chilometri da qui.» E sfodero un sorriso a mille denti. Così andiamo al bar, lui compra un pacchetto di Big Babol e me ne dà una.

Ne scarta un'altra e se la mette tutta intera in bocca. Sono tentato di fare la stessa cosa ma poi rifletto: così questo momento durerà solo quaranta minuti, fino a che non andrà via il sapore. No, deve durare di più. Quindi la mia Big Babol me la mangio a rate: sei o sette pezzettini. Naturalmente così perde la sua funzione, non riesco a fare un palloncino che sia uno!

Gli unici vizi me li conquisto con il nonno (che mi offre le pastiglie Valda, quelle nelle scatole di metallo dorate), la zia e la nonna. Con loro vado a mangiare le "pippette" alla Pasticceria Monica. Sono dei dolci prelibati, una specialità leccese. La nonna mi coccola ma è un tipo tosto, la zia invece è una seconda mamma e mi copre di regali. Per lei sono il figlio che non ha avuto.

Il vero inizio della mia carriera da calciatore è segnato dal passaggio dalla Juventina al Lecce, insieme con il mio amico Sandro. Il primo ad accorgersi di me è Pantaleo Corvino, direttore sportivo di varie società professionistiche. Ai tempi seguiva le giovanili della Gioventù Vernole, una squadra ricca e con un vivaio molto forte, tanto da fare concorrenza al Lecce. Corvino domanda a mio padre se io e Sandro possiamo sostenere un provino con loro e Cosimino esclama: «Antonio, tu non vai da nessuna parte! Devi studiare».

Lo imploro: «Papà, intanto lasciami andare a fare il provino, poi vediamo. Non è neppure detto che mi prendano!».

Alla fine Cosimino si convince. Nella trattativa si

inserisce il Lecce, con una proposta migliore per tutti. Così il provino lo andiamo a fare per il Lecce al Delta San Donato, un campo con l'erba. Io, in tredici anni appena compiuti, non ne ho mai visto uno: fino a quel momento ho sempre giocato sulla terra battuta o sul cemento. Supero il provino, il Lecce è pronto ad accogliermi, resta un ultimo ostacolo: papà. Lo imploro a mani giunte: «Ti prego! Non ti preoccupare, continuerò a studiare, e se non andrò bene a scuola smetterò di giocare!». Una vera e propria scena strappalacrime. Ma che, alla fine, ottiene soprattutto il consenso di Cosimino. La trattativa può cominciare. Da presidente della Juventina mio padre segue in prima persona il passaggio. Se penso al calciomercato di oggi mi viene da ridere.

«Datemi dieci palloni nuovi e un po' di soldi» è la prima richiesta di papà.

Gli altri strabuzzano gli occhi: «E che siamo, americani? No, no, è troppo».

«Bene, allora Antonio resta qui» bluffa Cosimino. E alla fine la spunta. Passo al Lecce insieme con Sandro in cambio di otto palloni di cuoio – usati – e di una piccola somma di denaro. Più un giocatore di Terza categoria per la Juventina. Non male per un ragazzino promettente.

Io mi sento importante. Papà sotto sotto è felice perché crede nelle mie possibilità. «È bravo» confida agli amici. E ci tiene lui per primo, anche se non vuole darlo a vedere. Papà, che è sempre molto parsimonioso, fa un'eccezione: le scarpe da calcio. Un giorno si avvicina e mi dice: «Dai, andiamo a comprare un paio di scarpe nuove». Vivo l'attesa come una festa. Ne scelgo un paio a sei tacchetti. Costano tantissimo, però mi piacciono da morire. Quando le vede l'allenatore per la prima volta dice sorridendo: «Cavolo Antonio, con queste scarpe non puoi giocare...». E infatti finisco la seconda partita con i piedi sfondati. Sui campi duri, con sei tacchetti non vai da nessuna parte. L'erba c'è solo a San Donato! Ma io non ho alcuna intenzione di toglierle. Me le ha regalate mio padre.

Intanto devo ripagarlo anche a scuola. Non posso e non voglio venir meno all'impegno che ho preso. Con grande orgoglio di tutti, mentre proseguo il cammino nel Lecce mi iscrivo alle superiori (istituto per ragionieri) e vado bene. Mamma e papà sono felici. Divento il modello del ragazzo molto impegnato nello sport ma, nello stesso tempo, bravo anche a scuola. Quando qualche genitore tenta di giustificare le mancanze del figlio con l'attività agonistica, i professori rispondono all'unisono: «Eh no, non cercate alibi, qui noi abbiamo Antonio Conte che gioca nelle giovanili del Lecce e, pur essendo già vicino alla prima squadra, vanta tutti 7 e 8».

Comincio a sentirmi orgoglioso di essere considerato un esempio. Inoltre non mi piace presentarmi a scuola impreparato. Detesto fare brutte figure davanti ai miei compagni. Perciò, quando non riesco a finire i compiti a casa, faccio tutto prima di entrare in classe. Arrivo in largo anticipo, mi metto d'accordo con una compagna molto brava e mi faccio spiegare le cose in quattro e quattr'otto. Ho un'ottima capacità di apprendimento. Spesso mi alzo alle 6 del mattino per ripassare, all'alba sono più lucido. Mi succede anche oggi quando preparo le partite. A quell'ora mi vengono le idee più brillanti. Riesco benissimo in una materia che oggi è scomparsa, stenografia, mentre in italiano ho ancora qualche difficoltà dovuta ai primi anni di scuola. Eppure mi ricordo una volta in cui, assieme al mio compagno di banco e di calcio Giuseppe, andiamo a prendere il tema in classe corretto dall'insegnante. Noto il giudizio: *distinto*. Dico: «Guarda Giuseppe, hanno sbagliato, questo dev'essere il tuo tema, oppure di qualcun altro».

Giuseppe lo guarda e me lo restituisce: «Antonio, questo compito è tuo. Nel giudizio c'è scritto: "Lavoro ben fatto bla bla bla... *Distinto*"».

Penso: o la prof si è sbagliata o sono migliorato davvero. Non mi era mai accaduto.

Ho un gruppetto di amici molto unito: si va a ballare insieme, alle feste, si studia insieme, si gioca. Capita di partecipare con più o meno coinvolgimento agli scioperi per la pace, allora di moda, che spesso nascondono il vero intento di saltare qualche ora di lezione; ogni tanto invece si "nargia" (cioè si salta scuola senza che ci siano di mezzo scioperi o altre scuse fantasiose). Personalmente preferisco sempre dirlo a mio padre perché ho paura che mi scopra. Non voglio deluderlo. Non mi sembra giusto.

Comunque anche nel periodo delle superiori ne

combino qualcuna, soprattutto a causa del mio carattere. A quindici anni vado per la prima volta in ritiro con la prima squadra, ma vengo rimandato subito a casa perché mi rompo lo scafoide. Mi ingessano e resto così per cento giorni, che forse sono stati anche pochi visto che ancora oggi ogni tanto mi fa male. Secondo me quell'osso non si è mai rinsaldato completamente.

Per fortuna vengo coccolato dalla mia fidanzatina dell'epoca, Carla, l'affetto della mia adolescenza. Restiamo insieme fino ai diciotto anni, con i classici tira e molla di quell'età, fino a quando ci lasciamo definitivamente. A quei tempi ci vogliamo molto bene. Lei è la figlia della mia professoressa di religione, cioè la prof nella cui ora si scatena il casino peggiore: tutti parlano, tutti ridono, nessuno segue la lezione. La cosa per me diventa un problema perché mi ritrovo a fare a botte con i miei compagni.

«Ragazzi, volete stare zitti, altrimenti la prof se la prende con me?!»

E giù pernacchie e prese in giro nei miei confronti: «La mamma della fidanzatina!», «Come difende sua suocera!» e tutto il campionario. A volte, appunto, la discussione finisce per andare oltre le parole.

Suo fratello è un tipo simpatico ma se le va sempre a cercare. Un giorno mi avvicina e mi dice: «Antonio, tre ragazzi mi hanno accerchiato, prima insultandomi e poi prendendomi a schiaffi». Si rivolge a me perché sono considerato un ragazzo con una personalità forte e autorevole.

«Ah sì?» dico con aria un po' spavalda. «Non ti preoccupare che ci penso io.»

Ancora ingessato per la rottura dello scafoide, dolorante ma arrabbiatissimo, vado alla ricerca di quei tizi. Perché hanno picchiato il fratello della mia ragazza? Già da allora non sopporto chi se la prende con i più deboli. Li cerco per alcune ore fino a quando non li incrocio: «Ehi, voi, venite qua. Perché avete picchiato il fratello di Carla?».

Fanno i bulli: «Guardalo lì. Col braccio ingessato ci vuole far paura». E ridono.

Nonostante il gesso, comincio a menarli di brutto. Nessuno mi fa paura. Loro mi guardano un po' scioccati e un po' impauriti per via del gesso. Pensano: "Questo è fuori di testa". Ma io li picchio senza fermarmi.

Passano alcuni giorni e incontro degli amici con lo sguardo preoccupato.

«Guarda che ti stanno cercando» dicono.

«Ma chi?»

«Fai finta di non capire? Gli amici dei ragazzi che hai picchiato. Solo che questi qui sono grandi» ribattono.

"Ah" penso senza dirlo, "qui si mette male." Si sono rivolti ai "grandi" perché vogliono farmela pagare. E capisco chi sono i rinforzi. Ragazzi sempre presenti in sala giochi e in ambienti non proprio raffinati. Mio padre mi ha vietato di entrare in quei posti ma di nascosto, ogni tanto, ci vado lo stesso. Non ho soldi per giocare però osservo, scruto, faccio due chiacchiere. In fondo anche quella è scuola di vita. Spero sempre che qualcuno mi offra una partita. In ogni caso il messaggio che quei tizi hanno riferito ai miei amici è chiaro: «Quando vedete Antonio Conte, ditegli di venire alla sala giochi».

Io faccio un'alzata di spalle e vado. Senza paura. Ancora ingessato. Entro e, dopo qualche minuto, tre ragazzi robusti e molto più grandi di me mi afferrano per le spalle, mi spingono fuori e mi costringono a salire su un motorino. Mi intimano: «Vai e non dire una parola». A quel punto mi prende un po' di paura, anche perché sono solo e menomato. Le moto partono, fanno il giro di mezza città. "Forse era meglio se chiamavo anche i miei amici. Da solo questi mi massacrano" penso. "Ma non gli darò la soddisfazione di farmi vedere impaurito. Dai Antonio, coraggio."

Si fermano in una zona isolata. Mi fanno scendere, mi spingono e ogni rimprovero viene accompagnato da superschiaffoni.

«Come ti sei permesso di picchiare i nostri amici?» urla il capobanda. E giù schiaffi.

«Se ci provi ancora una volta, ti facciamo a pezzi, hai capito?» grida un altro. E giù schiaffi...

Io non reagisco per evitare di essere picchiato ancora più duramente. Sto zitto ma non chiedo scusa a nessuno. Prendo quel pomeriggio come una lezione per il futuro. In strada si prendono e si danno, e soprattutto ci si difende da soli, così come nella vita.

Capitolo due

Il Lecce

Al Lecce incomincio dai Giovanissimi. Più che una squadra di calcio, siamo una vera e propria banda di matti. Mettiamo tutto sottosopra, non conosciamo bene la parola disciplina. Molti di noi arrivano spesso a un passo dall'allontanamento dalla squadra: troppo rissosi, troppo scatenati, forti in campo ma quasi ingestibili a livello comportamentale.

«Ce ne fosse uno con la testa a posto!» ci urla spesso Lillino Caus, il nostro allenatore. E ha ragione. Io sono a volte un po' complice dei compagni, a volte un po' distaccato. Non dimentico gli insegnamenti della mia famiglia, non dimentico da dove vengo, non dimentico che a casa ci sono persone che mi vogliono bene e che mi hanno concesso la loro fiducia permettendomi di sfruttare al meglio le mie carte. E ormai c'è poco da scherzare, il gioco si sta facendo serio.

«Ricordati Antonio» mi ripete sempre mio padre, «nessuno ti fa regali. Il mondo dei professionisti è regolato da principi diversi dai nostri. Noi siamo dilettanti che si divertono.» Chiaro. Semplice. Diretto.

I nomi dei miei compagni sono di quelli che negli

anni seguenti tutti i tifosi impareranno a conoscere: c'è Gianluca Petrachi, poi centrocampista di Venezia, Palermo, Torino e Nottingham Forest; c'è Walter Monaco, trequartista, davanti a sé una carriera nel Lecce e in seguito da allenatore; c'è Sandro Morello, con un avvenire da ottimo attaccante e allenatore; c'è Francesco Moriero, esterno di grandi club come Inter, Roma e Napoli, adesso anche lui allenatore come pure Luigi Garzya, difensore, tra le altre, di Lecce, Roma e Torino.

Insomma siamo un bel gruppo e stiamo passando dai Giovanissimi agli Allievi, anzi noi alla fine di quell'anno andremo direttamente nella Primavera del Lecce. L'anno dei Giovanissimi arriviamo alle finali nazionali. Per nostra fortuna abbiamo alle spalle dei veri maestri, bravi a insegnare calcio ma anche dotati di un profilo umano tale da farci crescere, da trasformare dei ragazzi in uomini. Persone come Lillino Caus e Carlo Mugo, grandi conoscitori di calcio, ma soprattutto educatori straordinari.

Nella Primavera del Lecce incontro Ciccio Cartisano. Un grande papà, un uomo meraviglioso. Una guida per tutti noi, giovani leoni, un po' selvaggi. Di punto in bianco si ritrova alle prese con una banda di talento ma completamente scatenata.

Partiamo con grandi propositi, in tutti c'è la voglia di spaccare il mondo. La prima trasferta dell'anno è in Sicilia: ci aspettano a Catania e a Palermo per la Coppa Italia di categoria. Alla vigilia della partenza, la società commette un grave errore: decide di farci alloggiare in un villaggio turistico alle porte di Catania. E infatti in quei tre giorni succede di tutto.

Appena mettiamo piede nel villaggio i dirigenti che sono con noi si raccomandano: «Non fate casino, non disturbiamo le altre persone. Niente gavettoni o altri scherzi. Comportatevi bene». Macché. È come se ci avessero detto: «Ragazzi, divertitevi. Perché non allagate il villaggio? Ribaltatelo come vi pare!».

E infatti lo ribaltiamo. Cinque minuti dopo la garbata richiesta dei dirigenti, scattano le operazioni. Qualcuno dei nostri bussa a tutte le porte del piano interrato in cui siamo sistemati, tipo adunata: «Ragazzi, è l'ora del casino! Tutti fuori!». Si scatena una guerra di gavettoni senza precedenti. In pochi minuti l'intero villaggio è sott'acqua. Arrivano di corsa i dirigenti, chiamati in tutta fretta dalla direzione. Il cazziatone è di quelli memorabili.

Ok, niente più gavettoni. Dopo la ramanzina sembra che tutto si sia calmato. Rientriamo nei ranghi. Si va a fare allenamento, si torna al villaggio, ceniamo. Di nuovo i saggi consigli dei dirigenti: «Andate a dormire presto».

D'accordo, il consiglio è senz'altro giusto, ma la piscina davanti alle camere è una provocazione bella e buona. Chi resiste alla tentazione di tuffarsi in acqua? Noi no di certo. Infatti abbiamo già preso i nostri accordi. Ci ritiriamo tutti in camera tranquilli e ubbidienti, poi alle 10,30 la piscina ormai buia viene presa d'assalto da una folla di giovani seminudi, coperti solo dalle mutande e con gli asciugamani sottobraccio. Si scatena il finimondo. Un casino mai visto. Tutti in acqua a schizzarci, a ridere, a divertirci. E urla impressionanti: «Francesco, vieni qua che ti metto sotto!».

«Antonio, spogliati se hai il coraggio!»

«Sandro, vediamo chi resiste di più sul fondo della piscina!» Stupidate inenarrabili. Ragazzate.

Arriva trafelato Lillino Greco, il vice di Cartisano, il quale invece per nostra fortuna sta dormendo. Si precipita ai bordi della vasca per capire chi sono quelli in acqua: «No, Conte, anche tu! Allora siamo proprio rovinati!». Non aggiunge una parola e se ne va. È distrutto.

Io sono considerato il ragazzo più serio in quella banda di matti. Lo pensano anche perché vado a scuola regolarmente. Ho l'aria del ragazzo istruito e mi incaricano di fare da portavoce nelle varie vicende, ma questo ruolo mi carica pure di maggiori responsabilità agli occhi dei dirigenti.

A Catania prendiamo tre goal. A Palermo quattro. Reti segnate: nessuna. Torniamo a casa senza qualificazione e con la consapevolezza di aver fatto una bella figuraccia. Al primo allenamento piomba nello spogliatoio Carmelo Russo, responsabile del settore giovanile. Una persona a modo ma, quando vuole, tostissima. Ci schiera tutti intorno a un tavolo. Non è molto alto. Quasi non si vede in mezzo alla nostra ciurma di scatenati. Allora si siede sul tavolo e, in preda al nervoso, dondola i piedi avanti e indietro. Avanti e indietro. Senza dire niente. La tensione si taglia a fette. Ruota lo sguardo per incrociare i nostri occhi. Ci fissa per alcuni secondi che sembrano interminabili in un silenzio irreale. Abbassiamo il capo un po' intimiditi.

Io mi innervosisco e comincio a pensare: "E allora? Dai, parla! Insultaci, basta che dici qualcosa!".

Manco a farlo apposta, come se mi avesse letto nel pensiero, inizia a fissarmi con aria severa. Allunga il braccio e col dito teso verso di me urla: «Tu, Conte, da dove sei venuto?».

Per alcuni istanti mi chiedo che cosa voglia dire con quella domanda. Timidamente, rispondo: «In che senso?».

I miei compagni trattengono le risate, perché la mia faccia è un insieme di stupore, paura e sottile ironia.

«Conte, non far finta di non capire: tu da quale squadra vieni?»

«Dalla Juventina.»

«Bene, e alla Juventina tornerai a giocare assieme a Morello!»

Russo gira gli occhi e punta Garzya: «A te, invece, ti rimando a San Cesario».

In pratica minaccia di espellerci tutti dalla squadra. L'abbiamo fatta grossa. La lavata di capo ce la meritiamo. In quegli istanti sono molto spaventato: se questo ci rimanda a casa sul serio, cosa racconto a mio padre?

Per fortuna, tutto rientra nel giro di qualche giorno. Facciamo tesoro, almeno in parte, di quella lezione, e spingiamo la squadra fino alle finali nazionali. Con Petrachi, Morello, Monaco, Garzya e Moriero siamo ormai prossimi a passare in prima squadra e all'esordio in Serie A.

Con l'inseparabile Sandro Morello siamo anche compagni di stanza. Una volta, a Catanzaro, nel ritiro prima della gara, abbiamo un optional di tutto rispetto: il telefono in camera. I cellulari sono ancora lontani, per telefonare a quel tempo si va nelle cabine. Sandro pensa subito di sfruttare l'opportunità e mi dice: «Antonio, vai a farti un giro che chiamo la mia ragazza». E con la mano mi invita a uscire. Ma aggiunge: «Poi torna, però. Tu che hai studiato magari mi puoi suggerire qualche bella frase a effetto».

«Ok, Sandro, a dopo.»

Esco e ne approfitto per telefonare a Carla. Quando rientro in stanza, pochi minuti dopo, trovo Sandro sdraiato sul letto immerso in una marea di Baci Perugina. Tutti scartati.

«Antonio, prendi. Prendi tutti quelli che vuoi» mi dice a bassa voce.

Sandro sa che sono goloso. I Baci poi mi fanno impazzire. Così inizio a mangiare il primo. In quel momento mi accorgo che lui ha in mano una decina di pezzettini di carta. E recita: «Cos'è un bacio? Nulla. Cosa può essere? Tutto». Sta leggendo alla fidanzata le frasi dei Baci! Non riesco a trattenermi. Mi butto a terra e comincio a ridere come un pazzo. Sandro gesticola, mette la mano sulla cornetta e mi implora: «Zitto, zitto, Antonio, non mi rovinare tutto». Continuo a ridere senza freni e penso: "Ma lei si sarà accorta che quelle parole non sono farina del sacco di Sandro?".

In quel periodo le situazioni e le persone divertenti non mancano di certo. Tra queste c'è un nostro compagno ricciolino: Sciminiello. Lui sta quasi sempre in panchina, ma è il depositario del nostro rito scaramantico prima delle partite. Estrae dalla tasca cinquanta lire, va verso una porta del campo, si gira verso di noi, le pianta per terra e comincia a dire frasi incomprensibili. Uno stuolo di cavolate, una dietro l'altra. Noi ridiamo come pazzi ma preferiamo non interrompere la tradizione: con questo rito si vince.

Sul pullman che ci porta da una città all'altra è un susseguirsi di scherzi. Stiamo crescendo molto in fretta ma in fondo siamo ancora dei ragazzini, e per fortuna ci divertiamo con poco. Ogni cosa è buona per alleggerire la tensione. Si sente la voce di Sandro dal fondo del pullman: «Mister, possiamo accendere la aradio?». La *aradio*, capito?

Il mister gli risponde: «Radio si chiama, ra-dio».

E lui: «Mister, radio, aradio, *sempre ca sona*».

E giù risate. Altro momento fondamentale è la scelta della colonna sonora per i viaggi. Mi massacrano le orecchie con Carmelo Zappulla, Gigi Finizio e Nino D'Angelo. Io non li conosco, non so chi siano. Cantano in napoletano. A me piacciono gli America. Ma alla lunga imparo anch'io a conoscere i pezzi amati dai miei compagni e a cantare con loro. Altro che cuffioni e iPod: la vigilia delle partite, all'epoca, si viveva tutti insieme.

Un altro spasso sono i cruciverba. Per Francesco non esistono i quadratini neri del tabellone.

«10 orizzontale: le cucina la mamma. Penne al pomodoro.»

«Francesco, ma è di cinque lettere!»

«E cosa c'è che non va?»

Non parliamo poi di quello che succede nei ritiri precampionato. Nel 1985, prima di una partita, andiamo a Reggello, in Toscana. Ci hanno aggregato alla prima squadra ed è un onore doppio perché il Lecce gioca quell'anno il primo campionato di A della sua storia. Il tecnico è Eugenio Fascetti, l'uomo della promozione, sulla panchina giallorossa dal 1983. È un toscano di razza, molto schietto, molto burbero, che non le manda a dire né ai giocatori né ai suoi collaboratori, e neppure ai giornalisti. Se sbagli è capace di rimproverarti duramente e non guarda in faccia a nessuno, né al campione né al ragazzino.

Siamo i soliti: io, Morello, Petrachi, Monaco... e poi c'è un altro Conte, Piero, capitano della Primavera. Ci mettono in stanze da quattro-cinque. Non l'avessero mai fatto. Una volta rientriamo e troviamo Piero Conte che dorme. È disteso in modo inquietante, con le braccia incrociate sul petto, come fosse morto. Uno di noi esce dalla stanza e recupera in tutta fretta quattro candele. Le accende e le sistema attorno al "morto". Nel frattempo chiamiamo il resto della squadra e tutti insieme cominciamo a recitare il rosario: «Ave Maria, madre di Dio... Padre nostro... Eterno riposo...». Piero si sveglia all'improvviso, si guarda intorno e si spaventa terribilmente: «Ma chi cavolo siete, che state facendo?!» urla, prima di cominciare a inseguirci per i corridoi.

Già il primo giorno di ritiro, a Gubbio, è tutto un programma: alle 9 usciamo dalle camere e scendiamo nell'atrio dell'albergo. In coro ci chiediamo: «Caspita, non c'è nessuno. Dove sono andati gli altri?». Non facciamo una piega e ci mettiamo a giocare a ping pong. Tranquilli. Sereni. Finché non spunta Ciccio Cartisano, il mister della Primavera, nerissimo in viso.

«E voi cosa fate qui?» grida a squarciagola. «Sono tutti allo stadio ad allenarsi e voi giocate a ping pong?! Roba da matti. Non vi ricordate che dovevate essere lì alle 9?»

Per la fretta, nessuno di noi prende le scarpe. Quando arriviamo al campo e lo facciamo presente a Cartisano e Fascetti, loro dicono all'unisono: «Vi allenerete a piedi scalzi. Per punizione. Così imparate».

Fascetti ci guarda correre con un sorrisino divertito. In quei giorni il mister deve rinnovare il contratto con il direttore sportivo, Domenico Cataldo. Lancia, come battuta, una provocazione che sarà fondamentale per le carriere di noi ragazzacci della Primavera: «Io firmo, però voglio Monaco, Garzya, Moriero e Conte».

La squadra, in quella stagione 1985/86, nonostante il ritorno a casa di Franco Causio, leccese doc, non è obiettivamente all'altezza di una lotta per la permanenza in Serie A: a tre quarti di campionato siamo di fatto già retrocessi. Senza più niente da perdere, e in accordo con la società, Fascetti ne approfitta per buttare nella mischia i suoi ragazzi terribili. Ogni sabato, quando il mister fornisce l'elenco dei convocati, il cuore va in tumulto: se ci sei, puoi sperare che tocchi a te entrare in campo ed esordire. Cosa che nel corso della stagione capita a tutti, a eccezione di Monaco. È fortissimo, un trequartista coi fiocchi e un cecchino su punizione, ma ha ancora solo quindici anni. Verrà anche il suo momento.

A sedici anni, otto mesi e sei giorni, dopo diverse panchine faccio il mio esordio sul grande palcoscenico della Serie A. È il 6 aprile del 1986. Giochiamo contro il Pisa, in casa. Quando a dieci minuti dalla fine Fascetti mi chiama sull'1-1 e mi dice: «Antonio, entri tu al posto di Vanoli» il cuore va in subbuglio. L'adrenalina sale a mille. Al primo pallone che tocco mi impongo di fare qualcosa di semplice, per prendere coraggio e andare avanti in scioltezza. Funziona. Ricomincio a controllare i battiti. Riprendo fiato. Nessun errore. Al fischio finale mi dico che dalla prossima volta potrò cercare di essere anche propositivo e non soltanto di limitare i danni. E realizzo che sta veramente iniziando la mia carriera di calciatore professionista.

L'anno successivo inizia male. Siamo retrocessi in Serie B e al posto di Fascetti arriva Pietro Santin, che poi sarà esonerato nel corso della stagione per far posto a Mazzone. L'obiettivo della società è l'immediato ritorno in A e per noi giovani non c'è grande spazio. Ma la cosa peggiore è che subisco un serio infortunio. La Primavera arriva ai quarti di finale contro l'Ascoli e la società mi manda a giocare. Un mio compagno, Giuseppe Luceri, difensore, che in quell'azione chissà come si trova a centrocampo, entra in scivolata su un avversario ma in realtà colpisce me e con il ginocchio mi spacca la tibia. Sento un *crac* micidiale, nonostante il parastinchi. Resto a terra senza fiato, con un dolore atroce. Arriva il solito Sandro e mi fa: «Antonio, non ti sei fatto niente, batti i piedi per terra».

«Ma come i piedi per terra, sei matto?» Il dolore è lancinante, quasi insopportabile. Per fortuna non ascolto il suo consiglio. Se lo avessi seguito, mi sarei ritrovato con una gamba più corta dell'altra.

Finisco in ospedale. Mi operano immediatamente e mi ingessano. La caviglia si gonfia in modo anomalo e devono pure rifarmi il gesso. Mister Cartisano è disperato. È un brutto colpo per la squadra ma i miei compagni si qualificano ugualmente per il turno successivo.

Vado ancora a scuola, sono all'ultimo anno di ragioneria. Un ragazzo più grande di me e ripetente, Giuseppe, mi viene a prendere ogni giorno a casa con la sua Ford Fiesta gialla. Non lo dimenticherò mai.

«Antonio, lo faccio volentieri. Sei un esempio da seguire per il tuo impegno. Giochi nel Lecce, sei bravo a scuola...»

Una generosità commovente, quella di Giuseppe. Ma non è solo questo. Ha perso qualche anno e si ritrova in una classe di ragazzini. Ha già la patente, la macchina, manda avanti una scuola guida. «Devo prendermi questo diploma» dice. «È una questione di orgoglio. Il mio futuro l'ho già disegnato.» Anche io ho già disegnato il mio. Le nostre strade non sono poi così lontane come sembrano, e a muoverci c'è la stessa forza d'animo, un obiettivo da conseguire.

Tolgo il gesso due settimane prima della semifinale. La gamba ha il muscolo di qualche centimetro più sottile dell'altra. A Cartisano non interessa, mi fa giocare lo stesso. Perdiamo in casa contro la Lazio quando un pareggio sarebbe bastato per raggiungere in finale il Torino dei giovani Lentini e Bresciani. Non solo: durante il match prendo un colpo durissimo in uno scontro aereo con Saurini, attaccante avversario. Per un quarto d'ora vago sul campo continuando a chiedere ai compagni: «Quanto stiamo?».

«Antonio, stiamo perdendo 1-0.»

«Ah, va bene, va bene.»

Altri due minuti e ne fermo un altro: «Scusa, ma quanto stiamo?».

Piero Conte, il capitano, capisce per primo che c'è qualcosa che non va e si rivolge alla panchina: «Fatelo uscire, non ci sta con la testa». Ed è proprio vero. Ritorno in ospedale: trauma cranico.

In prima squadra intanto è approdato Mazzone, mancano dieci giornate alla fine del campionato. Arriviamo a un passo dalla Serie A ma poi alla fine a salire è il Cesena, che ci batte nella finale del triangolare-promozione con la Cremonese terza incomoda. Il mister ha quasi cinquant'anni, il primo giorno di allenamento lo guardo un po' intimorito, non solo per la sua esperienza calcistica già consolidata ma anche per la struttura fisica imponente. È un uomo alla mano ma sa essere anche burbero, riesce a dosare bene bastone e carota e a dare tantissimo alla squadra in termini di motivazioni. I giocatori lo rispettano. La cosa che ho sempre apprezzato di Mazzone è la sua voglia di aggiornarsi. Non è vero che nel calcio non s'inventa niente. Il calcio è in continua evoluzione, come qualsiasi disciplina, e bisogna aggiornarsi continuamente.

Intanto il gioco si fa ancora più serio: nel 1987 torniamo in Serie A e firmo il mio primo contratto al minimo, ma per me va benissimo.

Seguono due stagioni in A e altrettante salvezze, sempre con Mazzone. Il 5 novembre 1989 realizzo il mio primo goal nella massima serie, primo e unico segnato con la maglia del Lecce. Per farlo scelgo un palcoscenico d'eccezione, il San Paolo di Napoli che è il regno incontrastato di Diego Armando Maradona. La notte precedente non riesco a chiudere occhio, poi quando me lo trovo davanti in campo mi sforzo di non tirare indietro la gamba ma come faccio a non provare del timore reverenziale? Io ho vent'anni e sono al primo anno da titolare in Serie A, lui è il più grande calciatore del mondo. Quel giorno porto sulle spalle la maglia numero dieci, incredibile. Il mio goal è di rapina, quasi da attaccante di razza. Una rete storica per me ma purtroppo ininfluente per il risultato visto che la partita termina 3-2 per il Napoli.

Il successore di Mazzone sulla panchina del Lecce è Boniek. Cataldo sostituisce il grande esperto della panchina con il numero uno dei tecnici usciti dalla scuola di Coverciano e in effetti Zibì ci trasmette molto entusiasmo.

Boniek mi piace, mi stima molto. Lo capisco dalle parole di incoraggiamento e dagli sguardi che mi rivolge. Quando andiamo a Genova per giocare contro la Samp ordino della camomilla con alcuni dolcetti in camera. Divido la stanza con mio fratello Gianluca, che nel frattempo sta crescendo e ogni tanto viene aggregato anche lui in prima squadra. A un certo punto sento bussare alla porta. Dico a Gianluca: «Apro io, ho ordinato...». Vedo il cameriere e dietro di lui spunta la sagoma di Boniek con i dolcetti e la camomilla.

«Ah, è per te, Conte. Allora va bene, tu lo puoi fare perché corri tantissimo.» Lascia il vassoio sul tavolo e se ne va con un sorriso. La stagione purtroppo procede con difficoltà e retrocediamo in B.

Via Boniek, arriva Alberto Bigon. È un tecnico titolato, che due stagioni prima ha portato il Napoli al secondo Scudetto. Iniziamo il campionato bene, con il piede giusto, ma io rimango a Lecce solo per il primo scorcio di stagione. Un mio compagno, Rosario Biondo, mi avverte: «Guarda che ti sta seguendo la Juventus. Hanno mandato Cestmir Vycpalek a visionarti». So che è uno degli osservatori di punta della Juve, Rosario lo conosce dalle giovanili del Palermo e raccoglie la sua confidenza. Non credo alle mie orecchie: «Rosario, sei sicuro? La Juventus che viene a pescare in Serie B???».

«Certo, seguirà gli allenamenti e poi la partita. Mi raccomando, dacci dentro.»

A fine agosto siamo impegnati contro il Casarano in Coppa Italia. Vinciamo 2-0 e faccio anche goal. L'8 settembre, per Brescia-Lecce, in tribuna c'è Sergio Brio, grande ex difensore juventino e leccese doc. Da pochi mesi è il vice di Trapattoni ed è lui che dà l'ok per il mio acquisto. Il 22 settembre giochiamo di nuovo in trasferta a Cesena e viene a visionarmi Nello Governato, il ds bianconero. Inizia la trattativa. È tutto vero.

Gioco l'ultima partita con la maglia del Lecce a Udine, il 3 novembre del 1991. Finisce 1-1.

Fuori dagli spogliatoi c'è già una macchina che mi aspetta per portarmi a Torino. La Juve mi chiede di andare subito in sede per firmare il contratto.

I miei compagni di sempre sono in lacrime, come del resto io stesso. Moriero, Monaco e Garzya mi abbracciano fortissimo.

«Dai Antonio, non andare a Torino. Quest'anno torniamo in A, non ci puoi abbandonare!»

Anche a me spiace da morire lasciare i ragazzi con cui ho iniziato, ormai siamo davvero come fratelli. Ma ripeto a me stesso: "Quando ti capita un'altra occasione come questa?".

E allora via. Direzione Torino.

Ma il mio cuore è in tumulto.

Durante il viaggio mi scorrono in mente le immagini della mia infanzia e della mia adolescenza come fossero le immagini di un film.

Gli anni passati in strada.

Le botte date e quelle prese.

I primi calci al pallone, la Chiesa Greca, gli spogliatoi della Juventina Lecce allagati da Sandro, mio padre che si arrabbia.

Gli amici e le ragazze.

Le prime scarpe a sei tacchetti che mi ha comprato papà.

Il Via del Mare al minuto ottanta di Lecce-Pisa.

E un'ultima lacrima mi esce dagli occhi.

La luce del giorno è ormai tramontata e con essa il lungo e intenso periodo della mia formazione di giovane calciatore. Mi attende l'alba di un nuovo giorno e l'inizio di una nuova fase della mia vita, ricca di inimmaginabili emozioni.

Capitolo tre

Dalla Juve di Trapattoni a Usa '94

In principio era stato il verbo. Di Giampiero Boniperti, in quel 1991 presidente della Juventus. Una leggenda del calcio, non solo per i tifosi bianconeri. Qualche giorno prima della firma sul contratto mi telefona a casa, a Lecce, e meno male che accanto al telefono c'è una poltrona, altrimenti svengo. Boniperti inizia a parlarmi con la sua voce gentile: «Allora, Antonio, sei contento di venire alla Juventus?».

«Presidente, io verrei anche adesso, a piedi!»

«Bene. Vedrai che qui troverai una seconda famiglia. So che sei anche juventino, un motivo in più per scegliere noi...»

Si riferisce al fatto che nello stesso periodo mi ha cercato anche la Roma.

Dopo alcune battute Boniperti mi chiede: «Scusa Antonio, mi passeresti tua madre?».

«Certo presidente.»

La raggiungo nell'altra stanza e, con l'espressione sbalordita, le riferisco che al telefono c'è Boniperti che chiede di parlare con lei.

«Cara signora» le dice, «lei dev'essere contenta e

non si deve preoccupare di niente. Qui Antonio sarà seguito, sarà trattato benissimo e troverà una seconda casa, vedrà.» Mia mamma, sentendo quelle parole, si commuove.

Ma quando arrivo a Torino, Franco Jurlano, il presidente del Lecce, mi investe: «No, no, non se ne fa più niente. Questi non vogliono darmi i soldi che chiedo. Ti rifaccio il contratto e il prossimo anno torniamo in Serie A».

Dietro di lui, però, Cataldo cerca di rassicurarmi a gesti. Dal labiale capisco: «Lascia stare, lascialo dire... fa così, ma poi si calma».

E infatti, nell'arco di una notte, la trattativa si sblocca. Riccardo Agricola, il medico sociale della Juventus, mi telefona per darmi appuntamento alle 9 del giorno dopo e accompagnarmi alle visite mediche. Il mio sogno diventa realtà. Finalmente entro nella casa della Vecchia Signora.

La mattina successiva, ore 9 in punto, sono davanti all'albergo in attesa di Agricola. Una nebbia incredibile, non si vede a un metro di distanza.

«Mamma mia, dove sono capitato» mi dico. «A Lecce facevamo ancora il bagno...»

Poi una voce mi distrae da quei pensieri.

«Tieni della moneta?»

Mi giro e vedo una signora anziana con la mano tesa, una zingara.

«Non tieni della moneta?» ripete, alzando il tono.

Faccio finta di non sentire e mi giro dall'altra parte. Ma lei non molla.

«C'hai dei soldi di carta?»

Qualcosa ho, ma non ricordo quanto. Metto la mano in tasca e tiro fuori senza rendermene conto una banconota da cinquantamila lire. Quella non mi dà neppure il tempo di aprirla che allunga la mano e l'afferra. Poi ci sputa sopra per scoraggiare qualsiasi tentativo di recupero, se la mette in tasca e se ne va. Niente male come primo impatto!

Dopo le visite mediche, ho appuntamento con Boniperti nella sede della società, in piazza Crimea. Una palazzina in zona precollinare, circondata da un giardino enorme e protetta da un alto muro di cinta. Una meraviglia. Al piano interrato c'è il circolo degli ex calciatori, al pianterreno gli uffici, al primo la grande sala dei trofei da una parte e, dall'altra, il regno del presidente, con un'imponente scrivania. Al secondo piano ci sono le stanze del consiglio d'amministrazione. Boniperti mi accoglie dicendo: «Aspetta, prima di firmare devo farti capire che cosa significa far parte della Juventus». E così mi accompagna in un tour guidato nella sala dei trofei. Di fronte alla storia del club sono quasi in soggezione. "Riuscirò a essere all'altezza?" mi domando. Il salto che sto facendo è enorme. Boniperti intanto, con un atteggiamento molto familiare, si sofferma davanti a una vetrina che contiene le sue vecchie scarpette e un pallone di cuoio che oggi si definirebbe "vintage", di quelli con la cucitura a vista nel centro.

«Vedi, Antonio» mi spiega, «tutte le volte che colpivi di testa rischiavi un taglio enorme in mezzo alla fronte.»

Quindi è il momento delle trattative. Potrebbe essere il più delicato, in realtà si rivela il più semplice e il più rapido. Infatti decide tutto Boniperti: cifre, premi, bonus, durata...

«Antonio, tu devi pensare solo a giocare» conclude il presidente. «Pensa a fare bene e vedrai che ci ritroveremo qui tra sette-otto mesi per ridiscutere il tuo contratto.»

Da quel giorno, non verrà mai meno una volta alla sua parola.

«Adesso seguimi, andiamo dall'Avvocato» dice Boniperti chiudendo la porta del suo studio. «Anche lui ci tiene a darti il benvenuto.»

Non ho neppure il tempo di riflettere su quello che sta succedendo. Mi muovo come se fossi un automa, o stessi camminando dentro un sogno. Usciamo dalla sede, saliamo in macchina e ci avviamo verso la collina.

Il viso sorridente di Boniperti è un lasciapassare per tutti i controlli di sicurezza che ci aspettano. Parcheggiamo in giardino ed entriamo in casa. Per fortuna sono in giacca e cravatta, come nelle migliori occasioni.

«L'Avvocato sta arrivando» ci dicono.

Ci sediamo, in attesa. La tensione mi stringe lo stomaco. Sto per incontrare l'Avvocato, un uomo il cui fascino e carisma non conoscono confini. Meno male che non dobbiamo aspettare molto. Due minuti dopo lo vedo comparire, sorridente e con la mano tesa verso di me.

«E così lei è Conte, ben arrivato» mi dice.

«Grazie, Avvocato.»

«È di Lecce, come il "Barone" Causio, come il nostro Brio... Abbiamo avuto grandi giocatori della sua città...»

«Lo so, Avvocato. Spero di essere all'altezza...»

«E io spero che lei possa rimanere con noi a lungo.»

Avrei voluto dire qualcosa in più, ma per un ragazzo della mia età non è semplice affrontare una tale situazione. Con il passare dei minuti l'emozione si scioglie. A un certo punto l'Avvocato resta in silenzio per qualche secondo, pensieroso, poi all'improvviso riprende: «Scusi, Conte, ma lei quanti goal ha fatto quest'anno?».

Davanti a questa domanda vorrei sprofondare. La risposta sincera sarebbe zero. La verità è che fino a quel momento quello di Napoli è rimasto l'unico, più un paio in Coppa Italia. Mille dubbi mi attraversano la testa: "Vuoi vedere che Boniperti ha sbagliato giocatore? Forse l'Avvocato non aveva chiesto uno come me...". Se Agnelli pensa che sia un centrocampista goleador, sono in guai grossi. Però qualcosa devo pur rispondere, i secondi passano veloci. Mi volto verso Boniperti in cerca d'aiuto, lui abbozza un sorriso indulgente e trovo un po' di coraggio.

«A dire il vero finora non ho segnato tantissimo. Ma li farò, può starne certo» rispondo.

Superato questo momento, brindiamo insieme al mio futuro in bianconero. L'Avvocato è gentilissimo, curioso, mi chiede notizie della mia famiglia, degli anni al Lecce. Fa di tutto per mettermi a mio agio con la sua proverbiale signorilità, ma quella domanda, «Quanti goal ha fatto quest'anno?», mi torna in mente di continuo e non vedo l'ora di andare via per evitare che si torni sull'argomento.

Inizia la mia avventura sportiva: allenamenti nuovi, organizzazione nuova, compagni nuovi, nuovo grande allenatore. Giovanni Trapattoni è l'uomo che mi ha aiutato a restare alla Juve per tredici anni, è stato come un padre per me. Se non mi avesse preso sotto la sua ala, a ventidue anni appena compiuti non sarei mai riuscito a sopportare il peso della nuova maglia, il peso di trovarmi accanto in allenamento dei compagni che fino a poco prima per me erano idoli.

Dopo la mia presentazione alla stampa, i giornali titolano: *Arriva Conte, il nuovo Furino*. Mi attribuiscono un paragone che non è certo farina del mio sacco: non mi sarei permesso di avvicinarmi a un calciatore che tuttora detiene il record di otto Scudetti in bianconero. Il primo giorno di allenamento, al centro Sisport di Orbassano, mi rivolgo con il "voi" a tutti. Neanche con il "lei", ma proprio con la forma massima di rispetto. E non solo con Trapattoni o Sergio Brio o lo staff tecnico, ma anche con Roberto Baggio, Schillaci, Tacconi, De Agostini, Julio Cesar, con i tedeschi Kohler e Reuter. In quei momenti rischia di scattarmi nella testa la convinzione di non essere all'altezza, la voglia di una scelta comoda, di rinunciare e tornare a casa. Ci penso spesso, in quei primi mesi. "Chi me l'ha fatto fare?" mi dico. "Ho lasciato i miei amici, la mia famiglia...". Mi ritrovo catapultato a Torino nel bel mezzo della stagione. Ma il mio carattere mi impedisce di mollare. Non posso e non voglio tornare a casa con una delusione. Inoltre non posso e non voglio tradire la fiducia del Trap. Non c'è un allenamento in cui, aiutato anche da Sergio Brio, non si fermi mezz'ora in più per aiutarmi a migliorare la tecnica e le conoscenze tattiche. Arrivo alla Juve con gli zoccoli ai piedi e lui, come un maestro, in qualche mese me li trasforma in scarpe da calcio.

«Antonio, vieni qua che lavoriamo un po'» è il richiamo. E si comincia. Giovanni Trapattoni, cinquantadue anni, uno degli allenatori più vincenti al mondo, si ferma in campo con Antonio Conte di Lecce, anni ventidue, appena arrivato dalla Serie B. È un altro di quegli esempi che mi accompagna quotidianamente anche ora.

Ci metto un po' a ripagare la fiducia. Al mio esordio da titolare, in amichevole contro il Monaco, mi arriva una palla al limite della nostra area. La passo indietro a Tacconi che però non esce: Fofana intercetta il retropassaggio e segna. Risultato finale: 1-0 per loro. Il giorno dopo la «Gazzetta dello Sport» titola: *Nel Principato sbaglia il Conte*. Apro il giornale, leggo l'articolo e vorrei sparire. Quel giorno cammino su e giù lungo corso Vittorio Emanuele, come se i miei passi potessero cancellare quell'errore. A un certo punto si avvicina una macchina. Si abbassa il finestrino. È Trapattoni. In un attimo comprende il mio stato d'animo, quello che sto provando.

«Antonio, cos'è che fai? Non starai mica pensando ancora a ieri? Lascia perdere, non ti preoccupare!» mi dice sorridendo. Tira dentro la testa e se ne va. Non dimenticherò mai quel sorriso. E neppure i suoi discorsi, a volte così articolati che risulta difficile trovarne immediatamente il filo conduttore! Ma alla fine il messaggio, umano prima ancora che tecnico, arriva sempre forte e chiaro. È straordinario vederlo allenare ancora oggi, dopo aver girato mezza Europa mescolando italiano, milanese, inglese, tedesco... Sempre facendosi stimare e voler bene da tutti, sempre riuscendo a trasmettere il suo entusiasmo.

Anche con l'ambientamento a Torino all'inizio ho i miei problemi: posso contare sulla presenza di mio cugino e vengo "adottato" da una famiglia calabrese, Pino e Anna Ferrò, che si dimostra eccezionale. Fuori dal campo mi sento solo e intimidito. Quasi un ospite, timoroso di dare fastidio. Una sera, nell'albergo in cui sono sistemato in attesa di trovare casa, mangio qualcosa che mi fa male: il risultato è che la notte mi viene un prurito terribile, dappertutto! Va avanti due giorni, ma solo alla fine del secondo riesco a vincere la timidezza e a dirlo ai dottori della società. Lentamente, ma progressivamente, cerco di coniugare vecchie abitudini e nuove realtà.

Per fortuna in quella Juve 1991/92 c'è davvero un bel gruppo, arricchito da Roberto Baggio, arrivato la stagione precedente prima dalla Fiorentina. Robi in campo è un campione, fuori è piuttosto schivo. A volte, però, è in vena di scherzi, come ad esempio uno fatto a Schillaci. Totò sta leggendo il giornale, Baggio passa e glielo butta per terra. Una volta, due, tre, finché Schillaci comincia a corrergli dietro con una ciabatta in mano tra le risate generali. L'anno dopo, quando vince il Pallone d'oro, Baggio ci porta tutti a cena in un ristorante di Pavia e ci regala una serigrafia per ringraziarci dell'aiuto che gli abbiamo dato a vincere il trofeo.

Stefano Tacconi, il nostro grande portiere, è anche una persona molto socievole. Non mi capacito di come sia sempre tra i migliori. Julio Cesar un gigante, mai visto prima un calciatore di quella mole. Tra i miei coetanei ci sono Eugenio Corini, un giovane adulto, e Paolo Di Canio, osannato dalla curva, l'uomo dei goal spettacolari. Non ha timore di nessuno. Un giorno, durante un allenamento, inizia a prendere in giro il gigante Julio con qualche numero dei suoi. Julio dopo un po' vede rosso e parte per caricarlo a testa bassa. Per fortuna il Trap se ne accorge e gli salta in groppa nel tentativo di fermarlo: «Julio! Julio fermati, che fai?!».

L'Avvocato Agnelli non è solo il proprietario della Juventus, ma il suo primo tifoso. Segue tutto con passione e interesse, ci viene a trovare in settimana quando ci alleniamo e quasi ogni domenica è in tribuna. Spesso, quando si presenta nel ritiro di Villar Perosa o al Comunale per l'allenamento, si porta dietro i nipoti John e Lapo, anche loro tifosissimi. Sono molto legati a noi giocatori e l'affetto è ricambiato. Lapo è il più vivace. Prima delle partite in famiglia Peruzzi lo stuzzica. Se lo porta negli spogliatoi, mettono le nostre sacche una accanto all'altra, poi gli lancia il pallone e Lapo para in tuffo atterrando sui borsoni. Suo fratello John è più composto: segue, si diverte e incita con maggiore distacco. L'Avvocato di solito arriva in elicottero. Scende e comincia a riempirci di domande: «Come state, ragazzi, siete pronti per domenica?». Si diverte a chiacchierare con Baggio. Ma la vera gag va in scena quando, rivolgendosi al mister, gli chiede la formazione che ha in mente di schierare. Agnelli lo incalza facendo nomi e cognomi, vuole sapere con discrezione chi vedrà in campo dall'inizio. Trapattoni conosce il giochino e soprattutto quali sono i preferiti dell'Avvocato. Se ha intenzione di escluderne qualcuno dagli undici comincia a tergiversare: «Mah, vediamo... Stiamo ancora valutando le condizioni fisiche...». Cerca di mettere le mani avanti: «Vedremo un po' nelle prossime ore...».

Il primo anno di Juve si chiude con un secondo posto in campionato dietro il Milan di Fabio Capello, che chiude imbattuto, e con la finale di Coppa Italia persa contro il Parma. Dopo aver vinto 1-0 a Torino, perdiamo il ritorno 2-0 e personalmente commetto una grossa ingenuità. Entro a una manciata di minuti dalla fine e inizio a correre come un pazzo, deciso a mangiarmi il campo, finché Agostini del Parma, anche lui appena entrato, non mi tira una scarpata.

«Ragazzino, non devi correre più» mi dice. Mi giro di scatto e lo colpisco. Cartellino rosso e addio Coppa.

L'anno dopo la musica inizia a cambiare. Al ritiro precampionato che si svolge in Svizzera arrivo carico psicologicamente e già fisicamente pronto, perché durante le vacanze mi sono tenuto in forma. Tutti si accorgono che c'è un giocatore e un uomo nuovo, primo tra tutti il Trap. Mi dà fiducia e mi schiera titolare a partire dalle amichevoli estive, dove vado anche a segno diverse volte.

Giorno dopo giorno, divento importante nel gioco del mister, mi manda in campo anche quando sono stanco. A volte, durante la settimana, mi fa saltare le partitelle che chiudono gli allenamenti. Si avvicina e mi dice: «Tu devi correre domenica, Antonio, vai pure a fare la doccia. Gioco io al tuo posto».

Ma come "gioco io"? D'accordo, Trapattoni è una leggenda, ma ha trent'anni più di me! Non so se ridere o preoccuparmi... Però è vero che corro come un matto: in un Atalanta-Juventus il mister schiera contemporaneamente Möller (poi Di Canio), Platt, Vialli, Baggio e Casiraghi. E io in mezzo a coprire per tutti!

La stagione 1992/93 segna anche il mio primo goal in bianconero (contro l'Anorthosis) e la conquista del primo trofeo, la Coppa Uefa. In finale travolgiamo il Borussia vincendo 3-1 a Dortmund e 3-0 a Torino. Essendo squalificato nella partita di ritorno, la seguo in curva, nel cuore del tifo bianconero. L'amore con il popolo juventino è definitivamente sbocciato.

L'anno dopo si chiude il ciclo di Trapattoni. È una stagione di poca gloria, che finisce senza trofei in bacheca, mentre il Milan di Capello continua a conquistare Scudetti. Ma i Mondiali di Usa '94 sono ormai alle porte e, forte delle buone prestazioni con il club, posso sperare a ragion veduta di far parte dei ventidue.

È l'Italia di Pagliuca, del blocco milanista in difesa, di Albertini, Dino Baggio e Berti, di Casiraghi, Signori e Massaro. Ma soprattutto è l'Italia di Roberto Baggio e di un maestro di calcio, Sacchi, che mi stima e mi convoca diverse volte ma non mi fa mai entrare in campo. Le cose cambiano il 27 maggio, quando in un'amichevole pre-Mondiale a Parma affrontiamo la Finlandia di Litmanen. Gioco titolare fino a una decina di minuti dalla fine, poi lascio il posto a Donadoni.

Giocare nella Nazionale di Sacchi non è facile. Da ct ripropone il 4-4-2 che ha fatto le fortune del suo Milan (difesa a zona, fuorigioco, squadra corta, difensori che scalano e fanno le diagonali) e un'organizzazione complessiva che tende a esaltare ancora di più il talento del singolo. Il gioco di Sacchi è pensato con l'obiettivo che tutti sappiano cosa fare, a chi passare la palla nelle varie circostanze di gioco, come difendere e come attaccare. Muovendosi insieme, sempre da squadra.

Noi alla Juve giochiamo un calcio diverso, in cui la squadra è al servizio dei campioni e non ci si discosta ancora molto dalla tradizione, ad esempio libero staccato, difesa a uomo. Morale della favola: tutte le volte che sono convocato in Nazionale mi sembra di dover sostenere un esame. Ho un'ansia fortissima, che mi riporta alle sensazioni della scuola, quando pensi di non essere preparato e di dover recuperare terreno.

I primi anni alla Juve e le esperienze ancor prima vissute mi hanno però insegnato una cosa fondamentale: davanti alle difficoltà, l'unica via d'uscita è la dedizione totale, l'applicazione incondizionata, in buona sostanza il lavoro. Ed è questo quello che faccio negli allenamenti con Sacchi, anche se poi il giorno della partita non vedo il campo. Lui apprezza e mi lancia messaggi importanti. Una volta, parlando alla squadra dice: «Ecco, uno che porterò di sicuro in America è Conte, perché voglio gente di grande disponibilità, di grande umiltà, di grande voglia». Frasi che mi riempiono d'orgoglio e mi spingono a lavorare sempre di più. Ma quando termina la stagione non ne sono così sicuro. Penso che le situazioni nel calcio cambiano molto rapidamente. Torno a Lecce, a casa dei miei, e attendo. In quei giorni ripercorro il passato. I sacrifici della mia famiglia, il mio impegno quotidiano, le sofferenze e le gioie. Penso che, se attendo la possibile convocazione con la Nazionale per i Mondiali, lo devo a tutto questo.

La mattina del 10 maggio squilla il telefono. Sento che a rispondere va mia madre, io sono ancora a letto mezzo addormentato. Dopo pochi secondi si apre la porta della stanza.

«Antonio, c'è Sacchi al telefono.»

Mi tiro subito su. È il momento della verità. Il mister ci aveva anticipato che avrebbe chiamato tutti i candidati, dando di persona la notizia del "sì" o del "no".

«Ciao Antonio, ho deciso di portarti. Farai parte della spedizione dei ventidue. Sei felice?»

«Sono molto contento mister, grazie!» Tra l'emozione e il sonno che ancora ho addosso, non so se riesco a far passare il messaggio come vorrei. Ma la verità è che dentro mi scoppia una gioia immensa, che condivido subito con i miei familiari.

Sacchi, com'era immaginabile, non lascia nulla al caso e organizza un doppio ritiro, prima a Sportilia, poi a Milanello, con diverse amichevoli, in una delle quali faccio il mio esordio. Il lavoro da svolgere è tanto, il mister un martello: deve trasmettere alla squadra le sue idee, riuscire a darle la sua impronta in pochissimo tempo. La Nazionale non è come un club, dove puoi impostare un lavoro quotidiano. I giocatori che lo hanno avuto al Milan sanno cosa li aspetta. Per gli altri, me compreso, è uno shock. L'allenatore in seconda è Carletto Ancelotti. Da poco ha lasciato il calcio giocato, ha un'esperienza di spogliatoio infinita. A volte è lui a mediare tra Sacchi e la squadra quando abbiamo bisogno di riposare un po'.

Negli Usa ci stabiliamo al campus della Pingry School, vicino New York, ed esordiamo il 18 giugno contro l'Eire. La prima partita si rivela complicata e difficile: perdiamo 1-0 e la strada verso la qualificazione si fa subito in salita. Non è che l'inizio. Nella seconda, contro la Norvegia, dopo venti minuti ci ritroviamo in dieci: Pagliuca tocca la palla con la mano fuori area e viene espulso. Sacchi toglie Roberto Baggio per inserire Marchegiani. Nella ripresa, nonostante l'inferiorità numerica, segna Dino Baggio, terzo e ultimo juventino aggregato alla spedizione. Andiamo a giocarci la qualificazione contro il Messico: finisce 1-1 e riusciamo comunque ad arrivare agli ottavi di finale.

Italia-Nigeria inizia malissimo. Stiamo perdendo 1-0 con goal di Amunike e la Nigeria sembra padrona del campo. Nel secondo tempo entra Zola e dopo pochi minuti viene espulso ingiustamente. Un'altra volta in inferiorità numerica. Ed è qui che la Nigeria perde la partita. Inizia a sottovalutarci e a giocare in maniera leziosa e superficiale. Pareggia Baggio e allo scadere segna il goal qualificazione. Siamo nei quarti di finale. Dopo la partita, un giornalista mi confessa che quando segniamo l'1-1 deve riaprire il suo pezzo, perché raccontava di una disfatta azzurra.

L'intero Mondiale si rivela una terribile corsa a ostacoli: partite giocate a orari impossibili, con un caldo e un'umidità incredibili, oltre a vari infortuni. Superiamo le difficoltà grazie alla determinazione e alla forza di un gruppo fantastico, che si cementa di giorno in giorno, negli oltre sessanta trascorsi insieme. Tutti si sentono fondamentali, compreso chi sta fuori: quando giochiamo i quarti di finale contro la Spagna, a mezzogiorno e con oltre il 90 per cento di umidità, Lorenzo Minotti va a riempire le borracce e corre per passarle a chi, in campo, inizia quasi a vederci doppio. Come me, per esempio, che al sessantaseiesimo sono costretto a uscire per crampi pur essendo uno che non molla facilmente. Soprattutto quando può giocare la prima partita da titolare in un Campionato del mondo. Salendo sul pullman, dopo la partita, Sacchi mi avvicina: «Scusami, Antonio, si vede che non ti abbiamo allenato bene». Ma io so che non è così: per la prima e forse unica volta nella mia carriera, è stata la tensione a giocarmi un brutto scherzo.

I metodi di preparazione tattici e fisici di Sacchi e del suo staff sono all'avanguardia. Dopo ogni partita ci forniscono dei dati personalizzati per mettere a punto i movimenti o capire alcuni errori commessi. Il mister ci convoca divisi per reparto in sala tv per analizzare ogni dettaglio della partita, dopo aver già visto i filmati tre o quattro volte con i suoi collaboratori!

Dopo il match concluso anzitempo con la Spagna, a tirarmi su il morale ci pensa il mio compagno di stanza, Antonio Benarrivo. Nel tempo libero ci ritroviamo spesso attorno al tavolo da biliardo ma lui, ogni volta che sbaglia un colpo, agita la stecca e colpisce qualche goccia di cristallo dell'enorme lampadario sospeso sulle nostre teste. Alla fine del ritiro, da trecento che erano, ne restano al loro posto una cinquantina. Un disastro.

Contro la Bulgaria entro dopo dieci minuti del secondo tempo: il risultato, 2-1 per noi con un'altra doppietta di Baggio, non cambia. Robi si fa male, com'era già capitato a Baresi in maniera più seria contro la Norvegia.

Dopo la partita torniamo in albergo e troviamo tutte le porte delle nostre camere forzate. A qualcuno rubano "solo" i soldi della diaria, ad altri va peggio in quanto rubano orologi e oggetti personali.

Siamo in finale contro il Brasile. Rappresentiamo un'intera nazione, la quale attende l'evento con tutta la partecipazione e l'emozione possibili. Pochi, durante la propria carriera, hanno l'onore e l'onere di partecipare a un simile evento: la finale mondiale. I giorni trascorrono immaginando ciò che potrà succedere in campo: tensioni e speranze si uniscono diventando un unico stato d'animo.

Questa esperienza si conclude con il dolore di una finale persa ai rigori.

Capitolo quattro

La Juve di Lippi

Nell'estate del '94 la società ingaggia un nuovo tecnico, Marcello Lippi. Viene dal Napoli, dove l'anno prima si è messo in luce guidando la squadra al sesto posto.

Il messaggio è chiaro da subito: deve essere un anno di svolta. Anche nei vertici della dirigenza ci sono profondi cambiamenti, con l'arrivo di Roberto Bettega alla vicepresidenza, di Luciano Moggi come direttore generale e di Antonio Giraudo come amministratore delegato. Il Dottore Umberto Agnelli è sempre molto presente. Con il suo tono di voce garbato e la capacità di convincerti delle proprie idee. Viene spessissimo al Comunale accompagnato dal figlio Andrea.

Il primo impatto con Lippi non è dei migliori. A pochi giorni dal suo insediamento, mi chiama al telefono: «Ehi Antonio, devi tornare prima dalle vacanze».

Dopo due mesi di Nazionale e i Mondiali americani, sono a pezzi. Mi impunto.

«Anche Baggio rientra prima?» chiedo riferendomi al fatto che anche lui ha partecipato al Mondiale.

«No, ma che c'entra?»

«Allora mi spiace, torno dopo anche io. Ho bisogno di recuperare.»

Alla fine la spunto, anche se immagino che il mister non la prenda bene. È un tecnico giovane, ha grande entusiasmo, sa che deve lavorare tantissimo per riportare a Torino uno Scudetto che manca da nove anni. Lo aspettano giocatori desiderosi di scrivere la storia, ma che ancora non hanno vinto molto. Io sono uno di quelli.

Da Napoli, Lippi porta in dote anche Ciro Ferrara. Fino a quel momento tra noi c'era sempre stato una specie di odio sportivo. Lui incarna il più autentico spirito napoletano, io sto diventando il suo omologo juventino. Tutte le volte che ci incontriamo da avversari non ci facciamo molti complimenti. Non avrei mai immaginato che un giorno me lo sarei ritrovato come compagno, tanto meno che sarebbe diventato uno di quelli a cui sono più legato: Ciro, come me, non vuole mai perdere.

La campagna acquisti porta alla Juve anche Deschamps, Paulo Sousa che gioca un po' da vertice basso, grande catalizzatore di palloni e un giovanissimo Tacchinardi dall'Atalanta. Accanto a loro è rimasta gente del calibro di Peruzzi, Di Livio, Ravanelli, Marocchi, Torricelli... E Vialli. Lippi dimostra da subito di volerlo rigenerare. È un generoso, un infaticabile, ma viene da una stagione complicata, in cui ha segnato poco. Sta ancora soffrendo il passaggio dalla Sampdoria, dove era un leader assoluto. Luca è il classico giocatore che ha bisogno di sentirsi importante. Ha carisma, riesce a trascinare tutti dando il buon esempio. Ed è un perfezionista. A un certo punto si fissa che deve riuscire a essere più veloce: inizia a interessarsi alle varie tecniche e in allenamento corre come un centometrista, impostato, rigido come un robot! Lippi capisce che Luca ha bisogno di avere delle grosse responsabilità per rendere al meglio e punta su di lui affidandogli il peso dell'attacco. Gianluca ricambia chiudendo la stagione con diciassette goal, alcuni dei quali memorabili.

Il campionato inizia discretamente, ma la vera svolta arriva alla sesta giornata, quando andiamo a Foggia e perdiamo 2-0. Alla ripresa degli allenamenti, Lippi ci riunisce e dice: «Da oggi in avanti, se devo perdere, voglio perdere attaccando. Voglio perdere su contropiede. Non voglio più vedere partite di sofferenza, in cui aspettiamo gli altri. Andiamo a pressarli alti, prendiamo noi l'iniziativa».

Da quel giorno iniziamo a giocare con tre punte: Vialli, Ravanelli e Baggio, con un certo Del Piero numero dieci di "scorta". Si può fare, anche perché Vialli e Ravanelli svolgono un lavoro sporco importante: rientrano a dare una mano fino al limite della nostra area, contrariamente a chi dice che gli attaccanti devono correre poco per essere lucidi sotto porta. A centrocampo, con Deschamps e Paulo Sousa, facciamo un bel filtro, dietro ci sono due mastini come Carrera e Kohler. Jürgen, in particolare, è davvero "scorbutico"! Quando in allenamento facciamo il torello e si trova in mezzo, dopo l'ottavo passaggio inizia a fare delle entrate dalla vita in su!

Del Piero si allena con noi dall'anno prima ma gioca anche con la Primavera di Cuccureddu, che quell'anno vince torneo di Viareggio e Scudetto di categoria. Su Del Piero si dice un gran bene e le sue doti si intravedono subito, deve solo completarsi dal punto di vista fisico. Ci pensa Giampiero Ventrone, il nostro preparatore. Tutti lavoriamo molto sulla forza, sotto quel punto di vista siamo dieci anni avanti. Giampiero, soprannominato "Marine" per i suoi trascorsi da militare, resterà preparatore atletico alla Juve per un decennio, contribuendo in modo fondamentale ai nostri successi. In allenamento ci massacra! Ha la durezza del soldato e non fa sconti a nessuno, campione o non campione. Uno dei suoi incentivi preferiti è "la campana della vergogna": enorme, tutta dorata, sta lì in un angolo del campo e deve andare a suonarla davanti a tutti chi molla un esercizio prima del tempo. Io, in quella Juve, l'ho sentita suonare pochissime volte.

L'ultimo anno del Trap, Del Piero si affaccia in prima squadra con ottimi risultati, ma è con Lippi che esplode nel cuore del tifoso bianconero. In quella stagione 1993/94, forse è lo splendido goal alla Fiorentina che tutti ricordano, con il tocco al volo, a consacrarlo definitivamente come giocatore di enormi prospettive.

Dovendo scegliere una sola qualità di Lippi da mettere nel mio bagaglio di allenatore, non avrei dubbi: la straordinaria capacità di trasmettere motivazioni e ricaricarci mentalmente ogni giorno. Non è facile, quando per un anno intero giochi tre volte a settimana. Ed è ancora meno facile azzerare quella presunzione che può subentrare, anche solo a livello inconscio, quando cominci a vincere. Lui ci tira fuori di tutto, è sempre stato il numero uno in questo: parlare nel momento giusto, scegliendo le parole giuste per dare messaggi positivi ai calciatori, in ogni situazione. È un maestro della comunicazione con la squadra, e mi riferisco ai piccoli dettagli che fanno la differenza. La scelta degli argomenti, la modulazione del tono, la capacità di sorprendere e quindi di guadagnarsi l'attenzione assoluta dei calciatori, risultando sempre credibile.

Ma la stagione del primo Scudetto non sono solo rose e fiori. Durante l'anno ho uno screzio con il mister, legato alla mia posizione in campo. Lippi mi ha spostato da interno di centrocampo a tornante, un ruolo molto faticoso: praticamente mi spacco in due perché devo fare tutta la fascia, andare in copertura a centrocampo, fare il quinto in difesa... Insomma, massacrante. A un certo punto vado in Nazionale e accenno a un giornalista della «Gazzetta» di questa mia problematica. Lui è bravo a trovare subito il titolo a effetto: *Conte: «Vinciamo ma non mi diverto»*. Giraudo, Moggi e Lippi si infuriano. Il mister chiude la squadra in una sala e mi attacca giustamente davanti a tutti perché in quel momento ho anteposto il mio interesse a quello della squadra. Una lezione che non ho più dimenticato e che, anzi, oggi cerco di trasmettere ai miei calciatori.

«Dobbiamo ragionare con il *noi* e non con l'*io*» dico sempre. Chi non fa così, non va d'accordo con me e quindi trova poco spazio in squadra.

A restituirmi il sorriso dopo la sfuriata di Lippi e la conseguente esclusione dalla partita successiva voluta da Moggi ci pensa Di Livio, che mi fa trovare un messaggio attaccato all'armadietto: «Se vuoi divertirti, vai *all'una* park». Scritto proprio così, con l'apostrofo. Ancora oggi prendo in giro Angelo, quando lo vedo.

L'intera stagione è segnata dalla sfida con il Parma. In campionato la vittoria 3-1 in casa loro, in rimonta, rappresenta un momento determinante. Ma ci ritroviamo contro i gialloblù anche in finale di Coppa Italia (vinta da noi) e di Coppa Uefa (vinta da loro).

In quell'anno di grandi soddisfazioni si verifica anche uno degli episodi più tristi della mia vita. La scomparsa di Andrea Fortunato. Un ragazzo sincero, bravissimo, arrivato alla Juve per seguire le orme di Cabrini, De Agostini... terzini sinistri che hanno fatto la storia. L'anno precedente, con il Trap, gioca titolare e arriva a sfiorare la convocazione a Usa '94. Alla fine di maggio è Agricola a darmi notizia della sua malattia. Mi spiega che dopo un'amichevole di fine stagione Andrea aveva la febbre e, non riuscendo a fargliela passare, avevano deciso di fare delle analisi. Risultato: valori del sangue completamente sballati. Leucemia. Andrea la combatte con grande fierezza, sapendo di avere al suo fianco tutti noi compagni e la società. Fabrizio Ravanelli, in particolare, mette a disposizione la sua casa per il periodo in cui Andrea è in cura a Perugia. Un grande rimpianto che mi resta è quello di non essere potuto andare ai funerali a causa di una partita della Nazionale in Lituania. Il primo Scudetto dell'era Lippi, ovviamente, è dedicato a lui.

La forza di quella Juve è che si forma uno zoccolo duro di giocatori – Vialli, Ferrara, Pessotto, Peruzzi, Del Piero, Tacchinardi, il sottoscritto – grazie al quale la società può permettersi di sostituire a ogni nuova stagione alcuni giocatori importanti senza che venga meno il senso di appartenenza, l'attaccamento alla maglia e, perché no, la possibilità per un allenatore di appoggiarsi a un gruppo via via più esperto. E così, dopo lo Scudetto, la prima cessione eccellente è quella di Roberto Baggio al Milan. Andato via lui, si punta tutto su Del Piero.

Con la vittoria del campionato, e forti anche dell'esperienza europea in Uefa dell'anno precedente, l'obiettivo dichiarato della stagione 1995/96 è la Champions League. Certo, da lì a pensare che al primo tentativo saremmo riusciti ad arrivare in fondo e a vincere ce ne corre. L'intera stagione viene programmata in quell'ottica, a cominciare dalla parte atletica, durissima. I primi mesi, infatti, non siamo ancora in piena forma, tanto che in campionato perdiamo punti che non riusciamo più a recuperare al Milan di Baggio e Weah. In compenso, in Champions andiamo avanti con ferocia. Tutti hanno voglia di scrivere la storia: c'è chi, come Luca Vialli, si è già visto sfuggire la vittoria in finale una volta; c'è chi vuole alzare di nuovo il trofeo, come nel caso di Deschamps e Jugovic e chi, come la maggior parte di noi, non vede l'ora di calcare i più prestigiosi palcoscenici d'Europa.

Nella fase a gironi segno due goal: uno in tuffo di testa contro il Borussia, nell'esordio di Dortmund in cui vinciamo 3-1; l'altro in casa contro i Glasgow Rangers, partita che finisce 4-1 per noi. Nei quarti di finale affrontiamo una sfida epica, contro il Real Madrid. Al Bernabéu, uno stadio imponente con il pubblico praticamente in campo e ancora più vicino che a San Siro, perdiamo 1-0. A Torino scendo in campo con un occhio pesto poiché qualche giorno prima, in amichevole contro la Carrarese, ho preso una gomitata. Ma non mi lascio intimidire e anzi, vado subito a fare gli onori di casa a Luis Enrique, con il quale ce le siamo promesse all'andata. Anche lui è uno tosto, che non ci sta a perdere. Ci pensano Del Piero e Padovano a regalarci le semifinali, dove battiamo il Nantes rivelazione.

La finale contro l'Ajax di Van Gaal si gioca a Roma il 22 maggio e nel prepartita la tensione si taglia con il coltello. Quando scendiamo per fare merenda, verso le 5,30 del pomeriggio, nella sala dell'albergo è silenzio totale. Si è creata una situazione surreale: quasi trenta persone tutte insieme, tra giocatori, staff tecnico e dirigenti, e non uno che dica una parola. Ci pensa Graziano Galletti, l'autista tuttofare di Moggi, a scioglierci un po' i nervi: all'improvviso entra nella sala con una trombetta da stadio, di quelle con la bomboletta, preme fortissimo e inizia a scandire

«Ju-ve! Ju-ve! Ju-ve!». Seguono risate generali di tutti, nessuno escluso. Una gag provvidenziale che alleggerisce l'atmosfera.

Chi si aspettava di trovare un Olimpico interamente juventino resta deluso, ma quando scendo in campo per il riscaldamento il colpo d'occhio è comunque eccezionale, un ricordo che ancora oggi mi emoziona. Lo stadio si presenta diviso perfettamente a metà, colorato da una parte di bianconero, dall'altra di biancorosso. Un vero e proprio spettacolo. La partita si mette quasi subito in discesa per noi quando Ravanelli ci porta in vantaggio, ma a cinque minuti dalla fine del primo tempo Litmanen pareggia: 1-1. La mia partecipazione termina pochi istanti dopo. In un'azione a centrocampo cerco di anticipare Davids, ma lui si mette davanti e la mia coscia va a sbattere violentemente contro l'osso del suo bacino. È un infortunio molto strano, perché quel colpo così forte mi rompe un'arteriola dalla quale inizia a zampillare sangue, che va a infarcire il muscolo. Risultato: più passano i minuti, più s'ingrossa la gamba, finché a un certo punto non riesco più neppure a correre. Chiedo il cambio ancora prima di andare negli spogliatoi per l'intervallo e mi accomodo a bordo campo, con la borsa del ghiaccio. Sono il primo a sottovalutare l'infortunio. "È solo una botta" penso, e i medici inizialmente confermano la mia diagnosi. Per la verità, quando è il momento di tornare in campo per il secondo tempo, già sono un po' più prudenti: «Antonio» mi dicono, «forse è meglio se resti un po' qui, sotto osservazione».

«Ragazzi non scherziamo, una finale come questa capita una volta nella vita, io rientro a bordo campo per incitare i miei compagni.»

Durante la partita soffro come un cane, un dolore tremendo. Il picco più alto, paradossalmente, lo raggiungo quando vinciamo, perché mi alzo e sforzo la gamba. Peggioro la situazione di minuto in minuto, soprattutto perché non rinuncio al giro di campo con la Coppa in mano, assieme a tutti i ragazzi. L'arteriola continua a buttare sangue e il dolore è così lancinante che, quando torno negli spogliatoi, quasi non riconosco i miei genitori. Mai provato un dolore fisico del genere in tutta la mia carriera. Rientro a Torino con la squadra, ma forse sarebbe stato meglio andare in ospedale già a Roma. Durante il viaggio in aereo la gamba si gonfia come un pallone. Mi somministrano antidolorifici, ma non ho alcun beneficio. Tutti si sono ormai accorti della situazione e quando atterriamo a Torino sulla pista c'è già un'ambulanza ad attendermi. La serata della mia prima finale di Champions si conclude così: i miei compagni vanno a festeggiare l'impresa con i tifosi, mentre io vengo ricoverato in ospedale, nemmeno ricordo più quale. Mi fanno degli esami e gli esiti sono sconcertanti, se l'emorragia non si arresta rischio seriamente di dover essere operato. Quando finalmente si ferma, sopraggiunge un'altra complicazione. L'ematoma è talmente grosso che non si può estrarre il sangue con una siringa, bisogna aspettare che si riassorba. Giorni d'inferno. Devo stare fermo a letto. Una notte provo ad alzarmi per andare in bagno e la situazione si complica di nuovo. Ulteriore conseguenza, perdo la possibilità di andare agli Europei in Inghilterra. Sacchi mi aspetta fino all'ultimo, poi, quando i medici danno il loro responso negativo, è costretto a lasciarmi a casa.

Nel calciomercato estivo la società continua la politica delle cessioni eccellenti: in un colpo solo partono tre protagonisti della Champions come Vialli, Ravanelli e Paulo Sousa, ma arrivano, tra gli altri, Zidane, Montero e Christian Vieri. Con la partenza di Luca, Lippi decide di affidare a me la fascia di capitano. A pochi giorni dall'inizio del campionato, mi chiama nella sala massaggi del Comunale e mi domanda: «Antonio, ma tu da quanti anni è che sei qui?».

«Quasi cinque, mister.»

«Sono tanti. Perché, sai, sto pensando di affidarti la fascia di capitano.»

Una soddisfazione e una responsabilità immensa, indossare quella fascia appartenuta sempre a grandi uomini oltre che grandi giocatori.

Zinédine Zidane sbarca a Torino dal Bordeaux in punta di piedi. Di lui si dice un gran bene, ad attenderlo c'è un misto di curiosità e fiducia. Nei primi tempi anche lui paga l'ambientamento, il peso della maglia; ma, giorno dopo giorno, inizia a farci ammirare cose straordinarie, prima solo in allenamento, in seguito anche in partita. A volte rimaniamo a bocca aperta, tutti estasiati nel vedere come danza sulla palla, le caviglie che si piegano in maniera innaturale. Altre, invece, lo guardi e ti viene da pensare: "Ok, questo però posso farlo anche io". Grande errore. Le cose che fa Zizou non sono affatto semplici, è lui a farle sembrare tali. Ricordo un suo goal contro la Reggina, qualche anno dopo, in cui con due finte manda a vuoto non solo mezza squadra avversaria, ma anche chi si trova in curva. Dal campo vediamo i tifosi letteralmente ondeggiare! Insieme a Del Piero, Zidane è il compagno di squadra più forte con cui ho giocato: un campione e un ragazzo per bene, serio e disponibile fuori dal campo, sempre pronto a dare il buon esempio ai compagni. Da allenatore ad Arezzo, a Bari e a Siena, qualche mio giocatore mi ha detto: «Sì, vorrei vedere se Zidane lo faceva, quest'esercizio». «Sì» ho sempre risposto io, «faceva tutto. Senza fiatare.» Questa è la caratteristica del campione: l'umiltà, la voglia di sacrificarsi, di essere grande all'interno del gruppo e non lontano dal gruppo.

Zizou lega subito con Deschamps, che è il suo capitano in Nazionale, ma soprattutto con l'altro nuovo arrivato, Montero. Entrambi sono ragazzi pacati con i compagni ma focosi in campo, non certo due "morbidi".

La fama di "cattivo" che si fa Montero, però, è inarrivabile! E pensare che Paolo è una persona molto timida e di grande umanità, generosissimo. Due cose non gli devi toccare: la famiglia e i compagni, Zidane su tutti. In campo è quasi la sua guardia del corpo, oltre a essere un grande difensore. La personalità di

Paolo è tale da tenere testa senza scomporsi persino a Moggi: il 25 settembre 1999, in panchina a Lippi è già subentrato Ancelotti e siamo di scena nella mia Lecce. Gli avversari ci sovrastano sul piano del ritmo e vincono 2-0. Dopo una breve intervista davanti ai microfoni della Rai rientro negli spogliatoi per salutare i compagni, dato che avevo avuto un permesso di ventiquattr'ore per fermarmi dai miei. In quel mentre arriva Moggi: «Tu non vai da nessuna parte. Si rientra tutti insieme e domani mattina si fa allenamento a Torino». Non posso nascondere la delusione, ma mi adeguo. Il giorno seguente, Moggi ci riunisce in una saletta e inizia a urlare: «Vergogna! Tutto il Lecce costa meno di uno solo di voi!». Il direttore ci guarda negli occhi uno a uno e continua: «Ma come si fa a giocare così? Tu, Mark» dice rivolgendosi a Iuliano, «a che pensi quando sei in campo?». Silenzio totale da parte dell'interessato. «E tu, Paolo...»

«Ha qualcosa da dirmi?» scatta lui.

«No, stavo parlando con Mark... Mark, non puoi fare quello che fa Paolo, bere una birra in più o tornare tardi la sera. Perché Paolo è un campione, tu no!» Risate generali sul prudente e simpatico dietrofront del direttore.

In quell'estate del 1996 lavoro sodo per accelerare il recupero dopo l'infortunio in Champions e poter ricominciare regolarmente la stagione in ritiro con i compagni. Con il senno di poi, si rivela un errore. Riprendo a giocare, ma la gamba è ancora un po' gonfia, continuo a sforzarla e a caricare eccessivamente quella di appoggio. A ottobre, Sacchi mi richiama in Nazionale in vista di un doppio impegno verso le qualificazioni ai Mondiali contro Moldavia e Georgia. Le partite si disputano a quattro giorni di distanza l'una dall'altra. Il fisioterapista cerca di richiamarmi alla prudenza: «Antonio, visto che vieni da un infortunio, magari sarebbe meglio aspettare a giocare due partite così ravvicinate...».

«No, non scherzare, io gioco.»

Secco, senza discussioni.

E succede il patatrac.

Con la Moldavia tutto bene, vinciamo in trasferta 3-1; ma contro la Georgia, a Perugia, sono stanco e un po' appannato. A un certo punto faccio un movimento stupido, pianto il piede sinistro per terra e vado in rotazione interna con il ginocchio. Risultato: da solo, senza alcun contrasto, mi rompo il legamento crociato.

L'anno della Champions (aperto peraltro dalla Supercoppa Italiana vinta a gennaio contro il Parma) si chiude con un nuovo, gravissimo infortunio.

Alla disperazione si aggiunge il fatto di dover lasciare la fascia di capitano (che passa ad Angelo Peruzzi), oltre a quello di non poter giocare nel ruolo prediletto di centrocampista centrale in cui Lippi aveva cominciato a schierarmi dopo anni di adattamento sulla fascia.

Come se non bastasse, davanti ai miei occhi si materializza il dolore di dover saltare la finale di Coppa Intercontinentale a Tokyo, contro il River Plate.

Il dottor Pizzetti, che mi visita nei giorni successivi all'infortunio, mi sottopone a una serie di test e mi dà delle speranze: «Guarda, il ginocchio non è rotto: secondo me, se fai un buon lavoro puoi recuperare in tempo per la partita». Ho circa un mese e mezzo a disposizione, devo sfruttarlo senza perdere un secondo: potenziamento muscolare, esercizi per la stabilità... in quattro settimane faccio di tutto e sembra che le cose si mettano per il meglio. Ricomincio persino ad allenarmi con la squadra. Invece, durante una seduta, salto per colpire di tacco al volo e ricadendo sento il ginocchio muoversi. È rotto eccome. Dico definitivamente addio alla finale di Tokyo. Vorrei seguire la squadra in Giappone, ma per ottimizzare i tempi mi suggeriscono di andare sotto i ferri proprio in quei giorni. Non solo: il decorso postoperatorio non va bene per niente. Il ginocchio è sempre molto gonfio e mi fa male, come avere degli spilli piantati dentro, ho continui brividi di freddo. Decido di chiamare il professore che mi ha operato: «Se mi lamento vuol dire che ho male» gli dico, «non sono il tipo che fa scene».

«Non ti preoccupare, è normale sentire dolore dopo un intervento come il tuo» mi rassicura.

«È normale che il ginocchio continui a gonfiarsi?» chiedo incredulo.

«Facciamo così: vieni a farmelo vedere» conclude lui.

Vado e mi aspira il liquido che si era versato. Il giorno dopo siamo punto e a capo. Va in onda la ripetizione della stessa scena: telefonata, rassicurazioni, una nuova visita di controllo. Solo che la seconda volta non faccio neppure in tempo a uscire dallo studio e risalire in macchina che il ginocchio è gonfio come prima. A quel punto non ci vedo più dalla rabbia e chiamo il dottor Agricola, che ovviamente è al seguito della squadra. In una serie di telefonate intercontinentali, cerca di capire cosa sta succedendo e alla fine mi prescrive una serie di analisi, che evidenziano un'infezione gravissima in corso. Scatta l'allarme rosso. L'infezione, per lo stadio a cui è arrivata, rischia di attaccare il legamento che mi avevano ricostruito con l'operazione e di mandare tutto all'aria. Sarebbe un disastro totale. A quel punto a casa mia inizia una processione di medici mandati da Agricola, che a forza di antibiotici cercano di debellare l'infezione. Un calvario senza fine. La mia stagione praticamente si conclude così. Assisto da spettatore alla vittoria della Supercoppa Europea contro il Paris Saint-Germain, alla sconfitta contro il Borussia Dortmund nella seconda finale Champions consecutiva e alla conquista del secondo Scudetto dell'era Lippi. Unica parziale consolazione è il pensiero che mi rivolge Angelo Peruzzi, capitano in mia assenza, subito dopo quella storica finale di Coppa Intercontinentale vinta 1-0 contro il River Plate: «Questa Coppa avrebbe dovuto alzarla Antonio, il nostro capitano».

Dopo aver vissuto una stagione simile, è facile immaginare come mi presento all'inizio della successiva: con una voglia di campo pazzesca. La prima ufficiale è in casa contro il Vicenza, in palio c'è la Supercoppa Italiana: vinciamo 3-0 e vado anche a segno con un bel tiro di esterno da fuori area. L'esordio in campionato, invece, è fissato per il 31 agosto. A Torino arriva il Lecce, allenato da un Cesare Prandelli agli inizi, per una partita purtroppo destinata a lasciare uno strascico nei rapporti con i tifosi della mia città. La Juve comincia male: forse le gambe sono ancora imballate, forse paghiamo l'improvvisa mancanza di un ariete al centro del nostro attacco, dato che in estate sono partiti sia Boksic che Vieri. Fatto sta che lo 0-0 sembra scritto. Poi, a pochi minuti dalla fine, Inzaghi si inventa una rapina delle sue e ci porta in vantaggio. In pieno recupero segno anche io, con un colpo di testa sul primo palo che chiude un'azione nata da angolo di Zidane. Corro verso la bandierina a braccia alzate, mi inginocchio e metto le mani sui fianchi come a dire con orgoglio: "Sono qui, sono tornato!". Urlo la mia gioia per il pericolo scampato, la mia rabbia contro quel lungo e faticoso periodo trascorso, il sollievo per essere tornato il giocatore di sempre, dopo aver corso il rischio di vedere la mia carriera compromessa.

Ecco perché quel goal, che ancora oggi fa infuriare i tifosi leccesi, per me è stato così importante. Nessuna mancanza di rispetto verso di loro. Qualsiasi squadra si fosse trovata sulla mia strada quel giorno, avrei esultato nella stessa maniera.

Inzaghi è il nuovo bomber di quella Juve. Pippo è un professionista mostruoso, che vive ogni minuto delle sue giornate in funzione del prossimo match che lo aspetta. Ha una cura maniacale del corpo ed è rigidissimo con l'alimentazione. La sua dieta base? Pasta in bianco con penne contate nel piatto, bresaola e patate. Prima delle partite, gli immancabili biscotti Plasmon. A queste attenzioni fuori dal campo si aggiunge un fiuto del goal eccezionale e la voglia di credere in ogni recupero, in ogni palla sporca che passa in area di rigore, nella possibilità di un errore di qualsiasi difensore o portiere. Al loro primo anno insieme, Pippo e Del Piero realizzano trentanove reti in due solo in campionato. Alla faccia di chi, a inizio stagione, li riteneva una coppia "troppo leggera".

Uno che non ha il problema di smentire dubbi del genere è Edgar Davids, non a caso soprannominato "Pitbull". Già, proprio quello che da avversario, nella finale Champions del '96, mi ha provocato l'infortunio alla coscia. Edgar fa dell'aggressività e dell'intensità i suoi punti di forza. Non è sufficiente saltarlo una volta perché, se anche ci riesci, un secondo dopo ti è di nuovo addosso per rubarti la palla. Ha una forza incredibile: alla panca riesce a sollevare centotrenta chili! A torso nudo è il doppio di Big Jim, meglio non andare a sbatterci contro, e posso parlare per esperienza... Insomma, un acquisto eccezionale. Arriva dal Milan con la fama di testa calda. Per me Edgar è un giocatore che deve stimarti. Se lo fa, accetta rimproveri e consigli, altrimenti meglio tenere la bocca chiusa. Per fortuna, io rientro nella cerchia degli "eletti."

Il campionato è un testa a testa tra noi e l'Inter di

Simoni e del Ronaldo devastante del primo anno in Italia, in quel momento il giocatore più forte al mondo. Partono meglio loro, poi noi cambiamo marcia. Il 26 aprile, quart'ultima giornata, a Torino è in programma il big match: Juventus 65, Inter 64.

Il match-Scudetto si conclude 1-0 per noi e ci spiana la strada verso la conquista del titolo. Alla grande gioia si contrappone la delusione per la seconda sconfitta consecutiva nella finale di Champions: stavolta è il Real Madrid a beffarci.

A fine partita, tra la delusione per la sconfitta e quella per non aver giocato titolare, situazione che comincia a ripetersi sempre più spesso, iniziano a balenarmi in testa alcune idee: "Forse il mio ciclo alla Juventus si è esaurito. Forse ho bisogno di nuovi stimoli" mi dico. La mancata convocazione per i Mondiali di Francia, logica conseguenza di quel finale di stagione non da protagonista, aggrava il mio malumore. Per la prima volta in sette anni, prendo in considerazione l'idea di cambiare aria. Ma i dubbi si rivelano un fuoco di paglia. Parlo con la società e ricevo rassicurazioni sulla loro fiducia, non ci pensano neppure a mettermi sul mercato. Il disappunto rientra e mi presento più deciso che mai per iniziare alla grande una nuova annata in bianconero.

In quel campionato 1998/99 di grande per la Juve c'è poco. La squadra non gira dall'inizio, Del Piero si infortuna gravemente all'ottava giornata; a febbraio ci ritroviamo a una quindicina di punti dalla Lazio capolista e addirittura fuori dalla zona Uefa. Il 4-2 che rimediamo a Torino contro il Parma è la classica goccia che fa traboccare il vaso. In un tesissimo dopopartita, Lippi rassegna le dimissioni. È una doccia gelata per tutti. La Juve si trova a gestire una situazione eccezionale nella sua storia recente. C'è un clima surreale. Il più stralunato è un giovanissimo Thierry Henry, arrivato a gennaio dal Monaco. In allenamento tutti ci siamo accorti che ha delle doti fisiche incredibili, quando prende la palla va tre volte più veloce degli altri, e anche tecnicamente è eccezionale. Il problema è che arriva in un'annata storta ed è ancora un po' acerbo, di difficile collocazione, al punto che a volte viene impiegato come esterno. Ho la certezza che non resterà a lungo in bianconero quando un giorno, alla fine di un allenamento, si avvicina l'Avvocato per uno scambio di battute e mi domanda: «Conte, ma lei cosa ne pensa di Henry?».

«Avvocato, è molto giovane, ma ha delle grosse potenzialità.»

Vedo che lui è scettico. «Sa l'impressione che mi dà? Quella di un giocatore che quando lo vedi ti riempie gli occhi, grande tecnica... Però alla fine di una partita ti domandi: "Ma Henry che cos'ha fatto?" Nulla...» Capisco che andrà via.

Capitolo cinque

La Juve di Ancelotti

All'indomani delle dimissioni di Lippi, la società è davanti a un bivio. Scegliere un traghettatore per concludere la stagione limitando i danni, oppure affidarsi da subito all'allenatore che ha già individuato come titolare della panchina per la prossima annata? Alla fine è questa la strada che viene imboccata, per cui Ancelotti arriva a Torino in un momento davvero difficile.

Nello spogliatoio, sono l'unico ad aver già lavorato con Carlo, che era il vice di Sacchi a Usa '94. So che è una persona corretta, molto pacata, con cui litigare è praticamente impossibile. Il suo è un approccio da fratello maggiore, riesce subito a entrare in sintonia con il gruppo e a farsi benvolere da tutti. In qualità di capitano, sento il dovere di accompagnarlo nel nuovo ambiente e cercare di dargli una mano per metterlo in condizione di lavorare e farci lavorare al meglio. Inoltre nutro un forte desiderio di tornare a sentirmi importante dopo essere stato un po' accantonato nell'ultima fase con Lippi. Il giorno del primo allenamento entro in campo al Comunale al fianco di Carlo: il messaggio dev'essere molto chiaro. Tutti insieme, uniti per l'obiettivo comune.

In campionato abbiamo qualche difficoltà: risaliamo un po' la classifica, ma a maggio perdiamo lo spareggio Uefa contro l'Udinese. Chiudiamo in zona Intertoto. Anche in Champions ci restano grandi rimpianti.

Quando inizia la fase a eliminazione diretta mi scateno: nei quarti, contro l'Olympiakos, segno sia all'andata che al ritorno ad Atene, il goal dell'1-1 che vale la qualificazione a dieci minuti dalla fine. In uno scontro precedente mi sono spaccato il labbro e gioco tenendo un fazzoletto per tamponare il sangue alla meno peggio. Quando realizzo il goal, lo stadio avversario, fino a quel momento una vera e propria bolgia, ammutolisce.

In semifinale affrontiamo il Manchester United di Beckham e compagni. All'Old Trafford segno l'1-0 con un bel diagonale su assist di Davids, ma Giggs pareggia in pieno recupero. Nella partita di ritorno succede l'incredibile. Dopo dieci minuti vinciamo 2-0 grazie a una doppietta di Inzaghi. La qualificazione sembra raggiunta. Davanti a noi, però, c'è una squadra che non si scompone minimamente, continua a giocare senza timore. Alla fine del primo tempo segna due volte. Veniamo storditi da quei due goal ravvicinati. Rientriamo in campo nel secondo tempo senza riuscire a dare una svolta alla partita. Nella parte conclusiva subiamo il terzo goal che sancisce la nostra eliminazione. Dopo quella sconfitta, per una settimana faccio fatica a dormire. Resta l'amara consolazione di essere usciti contro la squadra che vince la Champions battendo in finale, e sempre con un'incredibile rimonta, il Bayern Monaco.

La prima stagione con Ancelotti in panchina dall'inizio, 1999/2000, si apre con la partenza di giocatori importanti, primo tra tutti il mio amico Peruzzi, uno dei pochi, insieme con Dino Baggio e con l'ex terzo portiere Fabio Marchioro, con cui sono abituato a vedermi anche fuori dal campo.

Riusciamo a perdere lo Scudetto in un modo incredibile nell'impraticabile campo, causa pioggia, di Perugia. Ma va detto che nelle partite precedenti abbiamo perso punti importanti consentendo alla Lazio di ridurre il nostro vantaggio da 9 a 2 punti. Nelle ultime gare non riusciamo a esprimere nel modo migliore il nostro potenziale tecnico e fisico.

A Perugia si gioca sotto il diluvio. Alla fine del primo tempo sembra chiaro a tutti che la partita va sospesa e rinviata. Con l'arbitro e il capitano avversario usciamo più volte sul campo con gli ombrelli per verificare il non-rimbalzo del pallone. Aspettiamo negli spogliatoi per oltre un'ora. L'arbitro, nello stupore generale, decide che si può riprendere a giocare. Nel frattempo, la Lazio batte la Reggina in casa e aspetta.

Si sono scritte e dette tante cose più o meno improbabili. I fatti dicono che il secondo tempo inizia alle 17,11, dopo un nuovo riscaldamento. Che Calori segna il rocambolesco goal dell'1-0 per il Perugia a seguito di una mia respinta difettosa di testa. In quel momento sento il terreno franare sotto i piedi: secondo dopo secondo, minuto dopo minuto, vedo svanire un anno di sacrifici, di speranze e fatiche, di gioie e sofferenze. Sento il tempo trascorrere senza poter fare niente. La Lazio diventa campione d'Italia.

Quel pomeriggio resta uno dei più dolorosi della mia carriera, una delusione difficile da sopportare. Dopo la fine del campionato parto con alcuni amici per una vacanza a Sharm el-Sheikh e per i primi cinque giorni non riesco a dormire un solo minuto. Sono troppo nervoso. Comincio a riposare il giorno del rientro in Italia.

Per fortuna, i ritmi del calcio non lasciano tanto tempo per rimuginare. Gli appuntamenti si susseguono a distanza ravvicinata. Per una delusione che brucia c'è sempre una nuova sfida che comincia, una vittoria in più da cercare. E a giugno entro nella lista dei convocati per gli Europei di Belgio e Olanda. È da un po', per la verità, che grazie alle mie prestazioni sono rientrato nel giro azzurro. In panchina ora siede Dino Zoff. È sempre affabile, parla poco ma riesce a trasmettere la giusta serenità a tutti. Mi ricorda molto Trapattoni. La partita del mio ritorno è a marzo. Giochiamo in Danimarca una sfida che è importante nel cammino di qualificazione agli Europei. Zoff mi accoglie con parole semplici ma efficaci, che apprezzo molto: «Antonio, che ti devo dire? Con l'esperienza che hai alle spalle non ti devo insegnare come giocare, sai già tutto. Cerca solo di fare del tuo meglio». Entro nel secondo tempo e ripago la fiducia con il goal della vittoria, segno in tuffo di testa a coronamento di una strepitosa giocata di Totti sulla sinistra.

Agli Europei non partiamo con i favori del pronostico e anzi, dopo aver perso l'ultima amichevole di preparazione contro la Norvegia, intorno a noi c'è parecchio scetticismo. Eppure quella è una delle Nazionali più forti degli ultimi tempi: in porta Toldo sostituisce degnamente Buffon infortunatosi contro la Norvegia, in difesa ci sono Maldini, Nesta, Zambrotta e Cannavaro, il quale a ogni vigilia ripete «Ce 'e magnamme!», ce li mangiamo. In mezzo Albertini, Stefano Fiore e io e in avanti un'ampia scelta con Totti, Del Piero, Inzaghi, Marco Delvecchio... Insomma una signora squadra. Sono veramente in gran forma e lo dimostro segnando l'1-0 nella partita inaugurale contro la Turchia. Un goal in rovesciata che resta tra i miei più belli e che alla fine verrà votato dai tifosi il più spettacolare del torneo. Nella seconda partita regoliamo 2-0 il Belgio padrone di casa e conquistiamo matematicamente il passaggio del turno. Nella terza battiamo anche la Svezia. Tre partite, nove punti. Voliamo.

Purtroppo i quarti di finale contro la Romania entrano di diritto nella hit parade delle partite che vorrei dimenticare. Il match è senza storia, alla fine del primo tempo siamo in vantaggio di due goal e amministriamo senza grossi problemi. A mezz'ora dalla fine mi butto su una palla vagante a centrocampo, più o meno a metà strada tra me e Gheorghe Hagi, considerato il miglior giocatore romeno del secolo. Invece di venire a contrasto, Hagi aspetta con il piede a martello che sia io a entrare, poi affonda. Quando mi rendo conto di essere stato colpito in quel modo ho davvero paura. Chi gioca a calcio sa come si possono rompere le gambe all'avversario. Lui è entrato per fare male e io me ne sono accorto subito. Metto il piede a terra e sento un dolore fortissimo.

Esco dal campo con una caviglia gonfia quanto un melone, accompagnato a braccia. Come ulteriore beffa, Hagi viene soltanto ammonito. A fine partita bussano alla porta dello spogliatoio dove mi stanno medicando. Qualcuno va ad aprire e riferisce che fuori c'è Hagi, il quale vorrebbe chiedermi scusa. Rifiuto di farlo entrare, così come ho sempre rifiutato le sue scuse. Perché so che quell'intervento cattivo è stato voluto. Certo, il tempo porta a cancellare la rabbia. L'anno dopo lui compie un bel gesto invitandomi alla sua partita di addio, ma gli impegni di campionato mi impediscono di partecipare.

Gli esami evidenziano una lesione dei legamenti della caviglia. Morale: oltre due mesi di stop ed Europei finiti. Chiedo però di restare in Olanda con il gruppo: abbiamo cominciato insieme, dobbiamo andare avanti nell'avventura insieme. E così assisto dalla panchina all'incredibile semifinale contro l'Olanda. Giochiamo gran parte della partita in dieci, con loro che sbagliano due rigori nei tempi regolamentari. Arriviamo a giocarci l'accesso in finale ai rigori. Per i nostri inizia Di Biagio. Goal. Per l'Olanda calcia De Boer e Toldo para. Il nostro secondo rigorista è il mio amico Gianluca Pessotto. A dire il vero, la sua candidatura parte da me. Alla fine dei tempi supplementari, Zoff cerca volontari e sono in pochi a farsi avanti. Ne manca uno.

Io mi avvicino e gli dico quasi in un orecchio: «Mister, guardi che Pessotto è molto bravo. E poi è freddissimo». Nessuno ha pensato a lui in quel momento.

Zoff mi guarda scettico, tirando indietro la testa: «Dici davvero?».

«Sì mister, è molto bravo» confermo. Tanto poi avrebbe dovuto tirarlo lui, mica io!

Allora Zoff va da Gianluca e riceve la sua disponibilità. Mi avvicino e gli sussurro: «Luca, guarda che gliel'ho detto io al mister di venire da te, non mi far fare una figuraccia!».

A dimostrazione di quanto fosse unito e genuino quel gruppo.

Quando arriva il suo momento, Pessotto manda la palla da una parte e il portiere dall'altra: 2-0 per noi. Stam calcia alto il secondo rigore olandese, Totti brevetta imprevedibilmente il cucchiaio del 3-0 che aumenta a tutti noi i battiti cardiaci, Kluivert segna. Maldini sbaglia il quarto e per un attimo rivediamo i vecchi fantasmi, poi Toldo para anche il tiro di Bosvelt e siamo in finale contro la Francia. Finale che giochiamo in modo perfetto. Andiamo in vantaggio e, mentre a pochi secondi dalla fine già assaporiamo la conquista del titolo europeo, con un'azione rocambolesca Wiltord pareggia. È un goal che psicologicamente ci mette in ginocchio. Il golden goal che regala la vittoria alla Francia porta la firma di un giovane attaccante che di lì a qualche settimana mi ritrovo come compagno alla Juve: David Trezeguet.

Dopo una finale mondiale persa ai rigori, ora anche una finale europea persa a pochi secondi dalla fine. Quando qualcuno mi ricorda che ho vinto tanto, rispondo sempre: «Ho anche perso tanto». È un modo di pensare che aiuta a cercare sempre di migliorarsi.

Capitolo sei

Il ritorno di Lippi

La stagione 2000/01, la seconda con Ancelotti in panchina, termina senza lo Scudetto. Stavolta chiudiamo a due punti di distacco dalla Roma di Capello, con Totti protagonista, che ha il merito di strapparci il pareggio al Delle Alpi in una partita che avrebbe potuto riaprire i giochi.

In trasferta, proprio dopo la partita di andata contro i giallorossi, si verifica uno degli episodi singolari e al tempo stesso indimenticabili della mia storia juventina. È il 22 dicembre, ultima partita prima delle vacanze di Natale. Mi raggiunge un vecchio amico d'infanzia, Adriano. Abbiamo in programma di dormire a Roma prima di imbarcarci sull'aereo per Brindisi la mattina dopo. Entrambi siamo diretti a Lecce. Dopo il match contro la Roma, che si conclude 0-0, decidiamo di passare la notte fuori. Per una volta ci si può anche divertire. Rientriamo in albergo alle 5 del mattino. Ci siamo addormentati da poco quando in camera squilla il telefono. Il mio amico stende il braccio e in qualche modo solleva la cornetta. La sua voce sembra venire dall'oltretomba: «Pronto?».

«Pronto? Qui è casa Agnelli, c'è il signor Conte?»

«Ehm... chi?»

«Qui è casa Agnelli, mi passa Antonio Conte per favore? L'Avvocato gli vuole parlare.»

Il mio amico, preso dal panico, mette una mano sulla cornetta e mi fa: «Antonio, due sono le cose: o mi stanno prendendo in giro oppure al telefono c'è veramente l'Avvocato Agnelli e vuole parlare con te».

Appena sento quel nome mi siedo di scatto sul letto e guardo l'orologio: le 6,30. «Passami il telefono!» gli dico trafelato.

«Sì, pronto, sono Conte» rispondo.

«Buongiorno, un attimo che le passo l'Avvocato.»

Attendo pochi secondi. «Buongiorno Conte, come sta? Ma non è che stava dormendo?»

Come ha fatto a rintracciarmi è un mistero. La cosa chiarissima è che sono ancora nel mondo dei sogni, ma devo riuscire a fingere di essere lucido.

«Si figuri Avvocato, sono sveglio. Tra due ore vado a Fiumicino, ho l'aereo per Brindisi.»

A quell'ora per Agnelli la giornata è cominciata da un pezzo, ha già letto i giornali, è informato su tutto. «Ma è contento del risultato di ieri sera?» mi domanda.

«Be', certamente non è stata una bella partita» rispondo. Parliamo delle occasioni fallite, di quello che potevamo fare e che non abbiamo fatto.

«È andata bene che non abbiamo perso» conclude. «Faccia buone feste, Conte. E auguri anche alla sua famiglia.»

Questo è l'Avvocato. Presente anche a distanza.

Alla fine di quella stagione di poca gloria, la società sostituisce Ancelotti per riaccogliere in panchina Marcello Lippi. In passato c'è stata tra noi qualche incomprensione. Ma accolgo il mister con grande serenità e mi metto a disposizione come sempre.

Il ritorno di Lippi non è l'unico colpo a sorpresa di quell'estate 2001, che segna una vera e propria rivoluzione in seno alla squadra: con i soldi incassati dalle cessioni di Zidane al Real Madrid e di Inzaghi al Milan, la Juve acquista Nedved e Thuram, oltre a un giovane Buffon, portiere di grandi prospettive.

Quando scendi in campo con Pavel Nedved sai che potenzialmente stai andando a giocare con un uomo in più. Può capitare a chiunque di sbagliare una partita, di non essere al cento per cento con la testa. A lui no. Lui c'è sempre. In allenamento è sempre il primo. E se non c'è allenamento, si mette la tuta e va a correre da solo per dieci chilometri.

Lilian Thuram è semplicemente il prototipo del difensore centrale che ogni allenatore vorrebbe: forte, veloce, tecnico, intelligente. Un giocatore eccezionale.

Davanti alla cessione di Zidane molti tifosi storcono il naso, ma i nuovi arrivati si inseriscono bene fin da subito e dietro di loro batte ancora forte il cuore di noi veterani. C'è però una cosa che non mi va proprio giù. Mi viene tolta definitivamente la fascia di capitano per consegnarla a Del Piero. Peccato. Mi sarebbe piaciuto essere io a fare questo storico passaggio di consegne, piuttosto che doverne prendere atto e basta. Durante la stagione Lippi si affida di nuovo anche a me e riesco a contribuire al buon rendimento della squadra.

Quel campionato si conclude in uno dei giorni più belli della storia bianconera: il 5 maggio. C'è una possibilità su mille di portarsi a casa lo Scudetto: l'Inter gioca a Roma contro la Lazio e vincendo si aggiudicherebbe il titolo. Noi siamo in trasferta, sappiamo di dover battere l'Udinese per sperare, ma sappiamo anche che, molto probabilmente, potrebbe non bastare. Noi facciamo quello che ci siamo detti per tutta la settimana: partiamo forte per mettere pressione all'Inter. Dopo meno di un quarto d'ora siamo in vantaggio 2-0. Ora non dipende più da noi. Possiamo gestire la partita con un orecchio alla radio, la quale ci riserva delle sorprese indimenticabili. All'Olimpico succede l'incredibile. Il primo tempo è un saliscendi di emozioni e si conclude sul 2-2. Nel secondo ci pensa Maresca a tenerci aggiornati, oltre i boati dei nostri tifosi presenti a Udine. Enzo continua a ripetere a chiunque gli si avvicini: «Guarda che stanno perdendo! Guarda che stanno perdendo!».

E alla fine perdono.

Risultati finali: Udinese-Juventus 0-2, Lazio-Inter 4-2. Noi siamo campioni d'Italia, l'Inter chiude addirittura terza, scavalcata anche dalla Roma. In campo e sugli spalti esplode la nostra festa.

Quello Scudetto giunge inaspettato, con un finale avvincente.

A maggio sono dispiaciuto di restare fuori dalla lista

dei convocati per i Mondiali in Giappone e Corea. Vengo infatti da un ottimo finale di stagione. Ma sulla panchina azzurra nel frattempo è arrivato il Trap, come potrei mai avercela con lui?

Qualche settimana dopo, Moggi e Giraudo mi convocano in sede per discutere il rinnovo del contratto. L'atmosfera è serena, i volti sono distesi.

Ci sediamo intorno a un tavolo e Moggi va subito al dunque: «Antonio, facciamo un triennale così e così...». Paradossalmente, l'ultimo contratto rischia di essere il più ricco della mia carriera. C'è però un punto su cui non sono d'accordo: la durata. Con grande serenità rispondo: «Guardate, facciamo due anni. Voglio essere libero di potermi guardare dentro al momento giusto, di capire se avrò le motivazioni per andare avanti il terzo».

Moggi e Giraudo si scambiano uno sguardo come a dire: "Questo è matto". Insistono, ma io ho la testa dura e alla fine ottengo il mio biennale con un'opzione per il terzo.

Nella stagione successiva bissiamo lo Scudetto, stavolta senza nessun finale thrilling. La nostra superiorità è netta, soffriamo un po' in dicembre incassando due sconfitte consecutive a Brescia e a Roma contro la Lazio, ma con l'inizio del nuovo anno riprendiamo a inanellare vittorie e di fatto la fuga-Scudetto inizia già a marzo. Vinciamo il titolo con due giornate di anticipo, pareggiando in casa 2-2 con il Perugia.

Il vero piatto forte di quell'anno, però, è la finale

di Champions che andiamo a giocare a Manchester contro il Milan, la quarta della mia carriera. Due squadre italiane in finale, un evento più unico che raro.

Il nostro cammino verso Manchester è un alternarsi di emozioni straordinarie. Dominiamo il gruppo E nella prima fase a gironi ma nella seconda rischiamo grosso arrivando a pari punti con Deportivo e Basilea, staccati di 6 da un Manchester United in versione schiacciasassi, che ci batte 2-1 all'Old Trafford e 3-0 a Torino. Superiamo il turno solo grazie alla differenza reti. Per fortuna, le cartucce migliori le abbiamo conservate per le partite successive. Nei quarti di finale troviamo il Barcellona. L'andata a Torino finisce male: Montero nel primo tempo trova il goal della vita e andiamo in vantaggio, ma a un quarto d'ora dalla fine un contropiede improvviso porta al pareggio di Saviola. 1-1 e arrivederci a Barcellona. Siamo chiamati all'impresa. Il Camp Nou è una bolgia, ma non temiamo nessuno. Abbiamo preparato bene la partita, sappiamo che loro partiranno forte e proveranno a schiacciarci. Ma sappiamo anche che Kluivert, Saviola, Overmars e Luis Enrique, tutti in campo contemporaneamente, sono un lusso che contro di noi potrebbero pagare a caro prezzo. Dobbiamo resistere, insomma, e aspettare l'occasione propizia per colpire. Nel primo tempo soffriamo tanto la loro velocità: giochiamo con Di Vaio unica punta ma non riusciamo mai a metterlo in condizione di essere pericoloso. Il tempo passa e rischiamo molto più di prendere goal che di farne uno, ma si va al riposo sullo 0-0.

Nel secondo tempo, pronti-via e Nedved confeziona un goal fantastico: assist di Davids, percussione di Pavel e botta rasoterra sul primo palo. 1-0. Sembra mettersi in discesa, ma passano una decina di minuti e Xavi pareggia. Tutto da rifare. A quel punto il Barcellona riprende a macinare gioco e ci rimette in difficoltà, e quando a dieci minuti dalla fine Davids viene espulso sembra veramente finita. Termina il secondo tempo, termina il primo supplementare e il risultato non cambia. I rigori sono distanti poco più di cinque minuti quando Birindelli si lancia sulla destra e mette in mezzo un cross perfetto che Zalayeta riesce a girare in porta. È il 2-1 per noi.

Quella Juve è un insieme perfetto di quantità e qualità, una squadra in cui tutti ci sentiamo gregari e tutti ci sentiamo campioni... Quella Juve è innanzitutto un gruppo di uomini veri, con un'idea scolpita in mente: vincere. Per quanto mi riguarda, oltre alla qualificazione, quella sera porto a casa l'ennesima dimostrazione che nel calcio non esistono partite vinte o perse in partenza, sfide impossibili. La realtà è il campo, ed è lì, soltanto lì, che si misura la forza delle ambizioni, la forza dei sogni.

Se non fosse bastato il fascino del Camp Nou e di una sfida con il Barcellona, per le semifinali il tabellone regala due partite entusiasmanti: da una parte il derby italiano Milan-Inter, dall'altra noi contro il Real Madrid dell'ex Zidane, di Ronaldo e Roberto Carlos. All'andata, al Bernabéu, rischiamo di farci molto male: il Real ci domina dal punto di vista del gioco e delle occasioni da goal, ma Trezeguet ci tiene a galla. Riusciamo a strappare un 2-1 non impossibile da ribaltare a Torino. A patto di giocare la partita perfetta. Ed è quella che abbiamo in serbo. A distanza di anni e di tanti altri big match giocati e vinti in seguito, quella del 14 maggio 2003 per molti tifosi juventini resta esattamente "la partita perfetta".

Dodicesimo del primo tempo. Nedved raggiunge il pallone sulla destra e crossa lungo sul secondo palo, sponda di testa di Del Piero e conclusione di Trezeguet: 1-0. Il Delle Alpi esplode come se la paura di non farcela fosse già lontana, con l'impeto di chi non ne ha mai avuta davvero.

Quarantatreesimo. Figo viene anticipato a centrocampo, la palla si alza a campanile e atterra nell'area di rigore del Real, dove Del Piero la mette giù con un gioco di prestigio. Punta la porta davanti a lui e arriva prontamente il raddoppio. La panchina scatta insieme ai compagni in campo per stringersi tutti in un unico abbraccio.

Settantacinquesimo. Lancio perfetto di Zambrotta a scavalcare la difesa avversaria, inserimento di Nedved che tira di mezzo esterno: 3-0. È il delirio. Del goal della bandiera spagnolo, segnato da Zidane a un paio di minuti dalla fine, si accorgono in pochi; in molti, invece, si accorgono della prodezza di Gigi Buffon, che sul 2-0 para a Figo il rigore che avrebbe potuto riaprire la partita.

3-1. Un risultato rotondo, netto, perentorio. I giornali, il giorno dopo, parlano di "Real Juve", di "lezione di calcio" impartita agli spagnoli. Unica nota stonata: l'ammonizione rimediata da Nedved per un fallo d'istinto a centrocampo che lo costringe a saltare la finale di Manchester. Quando l'arbitro estrae il cartellino vedo nei suoi occhi la disperazione. Questo episodio rischia di spostare la Coppa un po' più vicina a Milano.

La testa è già all'Old Trafford. La domenica precedente abbiamo messo in cassaforte lo Scudetto. Fisicamente siamo provati da tante battaglie ma mentalmente siamo solidi. Possiamo preparare la finale con la testa sgombra, puntando dritto il nostro obiettivo. Abbiamo una Coppa da vincere, ricacciando definitivamente nel buio i fantasmi del '97 e del '98.

Le ultime emozioni vissute riaccendono una spia: ho ancora fame di campo, ma sono consapevole di essere alle ultime fasi della carriera. Non so se dopo quel 28 maggio avrò un'altra chance per portare a casa la mia seconda Champions. Se per vincere c'è un momento migliore degli altri, quel momento è ora. Sogno un'altra serata da incorniciare, una Coppa alzata al cielo. Sogno una partita che lasci ulteriormente il mio nome nella storia della Juve.

Old Trafford è uno stadio che non ha bisogno di presentazioni. Per capire di cosa stiamo parlando basta pensare al soprannome coniato da Bobby Charlton: The Theatre of Dreams. Lo stadio è diviso a metà: rossonero da una parte, bianconero dall'altra. In mezzo, il telone della Champions e i miei compagni pronti a dare tutto. Ho accarezzato l'idea di giocare dall'inizio, ma Lippi alla fine sceglie Camoranesi. Va bene anche così, sono convinto che nei novanta minuti arriverà il mio momento.

Mi siedo in panchina ed entro in trance agonistica, vivo l'intero primo tempo incitando i compagni. In campo c'è grande tensione, ma loro iniziano meglio: dopo otto minuti l'arbitro annulla un goal a Shevchenko per fuorigioco di Rui Costa, poco dopo Gigi si supera su un colpo di testa in tuffo di Inzaghi che molti vedono già dentro; appena prima dell'intervallo, Nesta anticipa miracolosamente Ferrara sventando la nostra occasione migliore nella prima fase. Duplice fischio e tutti negli spogliatoi. Anzi no.

«Scaldati Antonio» mi dice Lippi prima di infilarsi nel tunnel. «Entri subito.»

È il segnale che aspettavo. In quel momento rivivo l'emozione dell'esordio. Dentro di me sento una carica incredibile. Guardo i nostri tifosi, sento la loro speranza di vincere.

In campo aggiungo tutta la mia grinta a quella dei miei compagni. Passano pochi minuti ed ecco scattare la fotografia di uno dei più grossi rimpianti della mia carriera. Il ricordo è ancora nitido: cross di Del Piero dalla sinistra, io che anticipo Nesta e colpisco indirizzando la palla sul primo palo. Il portiere immobile. Sembra fatta e invece no, traversa piena. Il pallone si impenna e quando ricade Trezeguet cerca di girarlo in rete in mezza rovesciata, ma viene anticipato in calcio d'angolo. Mi sento morire, ma non c'è tempo per pensare. Mi rialzo incredulo, urlando la mia rabbia al mondo intero.

Quella traversa, oltre che un rimpianto personale, resta la migliore occasione di una partita in cui, con il passare dei minuti, la posta si fa troppo alta per giocarsela a viso aperto. Diventa una battaglia di logoramento, che sfocia quasi per inerzia nei supplementari. Nelle fasi conclusive tutti noi giocatori siamo stremati e si va ai rigori.

Con gli errori di Trezeguet, Zalayeta e Montero per noi, di Seedorf e Kaladze per il Milan, il quinto rigore rossonero vale la Coppa. Shevchenko guarda l'arbitro e la porta, l'arbitro e la porta, la porta e poi di nuovo l'arbitro, che dopo pochi secondi che sembrano interminabili finalmente fischia. Rincorsa, tiro alla sinistra di Gigi, goal: il Milan è campione d'Europa, noi... niente. Non c'è spazio nella storia per chi arriva secondo. La storia è fatta da chi scrive il proprio nome, gli altri possono leggerlo. Per noi, dopo Monaco e Amsterdam, la Champions continua a dimostrarsi una competizione complicata.

A fine partita, ancora distrutto per la delusione, mi avvicino ad Ancelotti e gli dico: «Carlo, se proprio non dovevamo vincere noi, almeno l'hai vinta tu, la Coppa». Mi è sempre dispiaciuto non essere riuscito a vincere nulla con Ancelotti nei suoi anni alla Juventus. E credo valga lo stesso anche per lui. La notte non chiudo occhio, rivedo la partita e decine di volte quella traversa che mi ha impedito di urlare di gioia. In quelle ore mi rendo conto che probabilmente non avrò un'ulteriore possibilità di rivincere quella Coppa dal fascino incredibile.

Nel 2003/04 il Milan si riprende anche lo Scudetto. Per noi, dopo le soddisfazioni della precedente stagione, è un'annata deludente: partiamo bene, ma non riusciamo a dare veramente continuità ai risultati e soprattutto usciamo sconfitti dai principali scontri diretti. A maggio chiudiamo terzi, dietro la Roma e a 13 punti dal Milan, senza aver mai davvero impensierito i rossoneri. Neppure la Champions, che quell'anno inaugura la nuova formula con scontri diretti nella seconda fase, ci regala soddisfazioni. Usciamo agli ottavi contro il sorprendente Deportivo che nei quarti eliminerà anche il Milan prima di arrendersi al Porto di Mourinho. L'unico titolo di quella stagione resta la seconda Supercoppa Italiana consecutiva, quarta nella storia del club.

Capitolo sette

Mi tolgo le scarpette

È sotto gli occhi di tutti che dal 2002 il mio ruolo in squadra è diventato meno importante: nello spogliatoio sono tra i leader, ma non sempre trovo una maglia da titolare. Dopo i trent'anni, quando in campo fai bene iniziano a dire che a salvarti è l'esperienza, quando fai male che sei finito. Ragazzi come Camoranesi, Trezeguet, Zambrotta e Tacchinardi sono delle furie: hanno la stessa fame che ho io, la stessa mentalità vincente che la Juve ti consegna il primo giorno insieme alle chiavi dell'armadietto, ma meno anni e meno infortuni alle spalle.

Così, in quel campionato 2003/04 di poca gloria, mi ritrovo a giocare l'ultima partita in bianconero praticamente senza accorgermene. È il 4 aprile 2004 e siamo di scena a San Siro contro la rivale di sempre, l'Inter, per una sfida tra due squadre che ormai hanno poco da chiedere al campionato. Ma Juve-Inter, si sa, è una partita che non ha bisogno di ulteriori motivazioni. Guardo dalla panchina il goal di Martins, l'autogoal di Kily González che ci dà il momentaneo 1-1, il rigore di Vieri e la rete di Stankovic. Entro al posto di Camoranesi a venti minuti dalla fine. A tempo scaduto Di Vaio accorcia, ma finisce 3-2 e perdiamo uno di quei match che, fino a qualche anno prima, mi avrebbe visto in campo a dare l'anima fin dall'inizio.

Termina la stagione e arriva il momento di decidere il mio futuro: sto per compiere trentacinque anni, ma sento di avere ancora benzina in corpo e la grinta che mi ha contraddistinto e che non mi è mai mancata. Insomma, un altro anno vorrei farlo. Anche perché all'orizzonte si profilano importanti cambiamenti: Lippi lascia il testimone a Capello, di lì a poco la campagna acquisti porterà a Torino, tra gli altri, un Ibrahimović ventitreenne, alla prima esperienza italiana, Fabio Cannavaro e altri campioni.

Quando torno a parlare con la dirigenza, però, scopro che la loro proposta è cambiata: confermano l'intenzione di esercitare l'opzione stabilita sul terzo anno, ma con un grosso taglio dell'ingaggio.

«Scusi, direttore» dico a Moggi, «ma i nostri accordi erano diversi. Perché adesso dovete tagliarmi l'ingaggio?»

Lui non batte ciglio: «Le cose cambiano, Antonio, e queste sono le nostre nuove condizioni».

Prendo tempo per riflettere, ma più passano i giorni e più il braccio di ferro diventa una questione di principio, prima ancora che economica. Per me, quindi, qualcosa di terribilmente più serio. Infine mi decido: smetto. Non me ne frega niente dei soldi in meno, glieli lascio tutti. Non si cambiano le regole in corsa.

Non ho mai amato la luce dei riflettori, né i grandi proclami e neppure gli addii a colpi di fuochi d'artificio. Ho sempre preferito che fosse il campo a parlare. Però pensavo di meritare più rispetto. Improvvisamente, divento un giocatore senza squadra e Capello rappresenta un incontro mancato. Ero entusiasta all'idea di poter lavorare con lui: è un vincente, ha fatto man bassa di titoli ovunque, e poi è un tipo tosto e diretto come me. Pazienza.

Lascio il club a fari spenti, così come ci ero arrivato. Quando la voce diventa notizia ufficiale, la partita di addio me la organizzano gli ultras, su un campo di calcetto appena fuori Torino. Sulle loro magliette c'è scritto: "Antonio Conte 8", "Antonio Conte il nostro capitano". Una partita tra amici, senza flash ma con una spontaneità che testimonia una volta in più l'affetto della gente bianconera nei miei confronti.

Poi decido di staccare la spina, vado in vacanza. Due mesi pieni non li faccio da quando andavo a scuola. Prima di partire telefono al mio procuratore dell'epoca: «Se arriva qualche offerta, chiamami». Non lo sento più neanche per sbaglio. Ma io ho ancora voglia di campo. Così, quando rientro in Italia, chiedo al Lecce il permesso di allenarmi con la loro Primavera. Lavoro duramente cercando di non attirare troppo l'attenzione su di me, per lasciare i ragazzi tranquilli agli ordini del loro mister, Roberto Rizzo. Al tempo stesso mi ritrovo a osservarli tra una ripetuta e l'altra, a cercare di capire chi potrà fare il salto, chi ha negli occhi la mia stessa grinta e assomiglia di più al me stesso di vent'anni prima. Ho la strana sensazione di essere come un pesce troppo ingombrante in un acquario, ma sono sereno: sono a casa, e tutte le sere a casa ci torno davvero, da Ada e Cosimino.

Un giorno mi telefona Corvino, direttore sportivo del Lecce.

«Antonio, sono Pantaleo. Coma va?»

«Bene, mi sto divertendo coi ragazzi...»

«Mi fa piacere. Senti, ma ci possiamo vedere uno di questi giorni? Vorrei parlarti di una cosa, però di persona.»

Ci incontriamo un pomeriggio dopo l'allenamento.

«Caro» incomincia, «Rizzo m'ha detto che sei in splendide condizioni. Noi avremmo proprio bisogno di uno come te.» Poi insiste: «Hai carisma, hai personalità, saresti un punto di riferimento per tutti... Insomma, ci piacerebbe averti con noi quest'anno».

Non mi aspettavo una cosa del genere, ma sono felice. Mi stanno offrendo la possibilità di chiudere la carriera a casa mia, con la stessa maglia con cui ho esordito: sembra davvero il lieto fine di una favola.

«Guarda, direttore, per me sarebbe un sogno. È l'unica proposta che a questo punto può spingermi a non smettere.»

Parliamo persino di soldi, decido su due piedi che devolverò parte dell'ingaggio in beneficenza... insomma, sembra tutto fatto. La squadra non è niente male: ci sono, tra gli altri, Cassetti in difesa, Giacomazzi e Ledesma a centrocampo, Bojinov e Vucinic in attacco. Si può puntare a una salvezza tranquilla e togliersi delle soddisfazioni. In panchina troverei Zeman. Sono curioso di vederlo all'opera e anche abbastanza sicuro della sua stima, dato che a metà degli anni Novanta, quando era alla Lazio, aveva mandato il suo vice a Torino per chiedermi se fossi disponibile a un trasferimento.

Ma proprio mentre vado a Torino per fare i bagagli, a Lecce si sparge la voce che sto per firmare. Duemila tifosi raggiungono il centro sportivo per contestare la società e schierarsi contro il mio arrivo. Partono cori minacciosi e proteste.

Quello che ancora mi rinfacciano gli ultras della mia città ormai da quindici anni è la presunta mancanza di rispetto. A distanza di tanto tempo, non dimenticano il mio goal – e soprattutto l'esultanza – alla prima giornata del campionato 1997/98, che ha segnato il mio rientro in campo dopo due serissimi infortuni consecutivi.

Mi chiama Corvino: «Antonio, avrai visto anche tu... Ieri sono venuti i tifosi al campo a contestare... Insomma, ci stanno creando problemi ma io sono sicuro di quello che stiamo facendo. Vedrai che le cose si metteranno a posto da sole».

Capisco che quella di Pantaleo è diventata una posizione difficile: da una parte ci sono i tifosi, dall'altra un'idea in cui crede, dall'altra ancora un tecnico che non sembra per niente convinto del mio arrivo. Nei giorni della trattativa, infatti, ai giornalisti che gli domandano un parere, sento con una certa sorpresa Zeman dichiarare: «Se la società ha avviato la trattativa, avrà avuto i suoi buoni motivi». Per questo decido di fare io la prima mossa. Ci sono abituato.

«Guarda, Pantaleo, ti ringrazio per la fiducia, però non mi va di concludere la carriera in questo modo, di spaccare l'ambiente.»

Corvino prova a insistere ma la decisione è presa. Per la seconda volta in pochi mesi, mi defilo in punta di piedi. Arrivederci e grazie lo stesso. Certo l'amarezza è tanta, acuita dal silenzio di Zeman. Non si schiera né per me né contro di me. Da questo momento comincio a vedere concretamente la prospettiva di diventare allenatore. Lo penso da sempre. Da quando, ancora ragazzino e proprio qui, a Lecce, la domenica giocavo e in settimana allenavo la squadretta di mio fratello Gianluca.

Si è conclusa definitivamente la carriera da calciatore.

Ripongo le scarpette nella scatola dei ricordi e guardo avanti, in cerca di una nuova sfida, una nuova avventura. Non tarda ad arrivare, piena di meravigliose emozioni.

Capitolo otto

Elisabetta

Una mattina di metà settembre sono seduto al bar di corso Vinzaglio, seminascosto dietro una colonna. Parlo con alcuni amici, commentiamo gli ultimi risultati delle partite. Tipiche chiacchiere da bar, insomma. Ormai le posso fare anche io, sono un ex calciatore. Nel gruppetto c'è pure il signor Gianni, mio vicino di casa: siciliano, molto distinto, quel che si dice un uomo tutto di un pezzo. All'improvviso sbuca Elisabetta, sua figlia.

«Buongiorno a tutti» saluta, poi allunga il collo dietro la colonna, verso di me: «Ah cavolo, ci sei anche tu, Antonio, come stai?».

«Abbastanza bene» rispondo, «cerco di restare sempre in forma.»

«Effettivamente lo sei» replica Elisabetta con un bellissimo sorriso.

Ringrazio, un po' imbarazzato da quel complimento.

Poi qualcuno fa una battuta, la situazione si scioglie e Betta si ferma a bere qualcosa con noi. Quando si alza per andarsene le dico: «Dai, speriamo di rivederci, così beviamo qualcosa insieme».

«Va bene, molto volentieri.»

Elisabetta è una bella ragazza ma per me è la figlia dei vicini di casa. Senza altre implicazioni. Conosco il padre e la madre. Quando sono arrivato a Torino, nel 1991, lei aveva sedici anni. L'ho vista crescere e l'ho sempre vista come una figura amica. Per un periodo lavora all'oratorio e ogni volta che la incontro le chiedo: «Fai ancora catechismo?». Le nostre strade si sono sempre e solo sfiorate, mai incrociate veramente.

Tra l'altro, in quel periodo sono libero sentimentalmente. Pochi giorni dopo l'incontro con Betta parto per il Brasile con alcuni amici e anche a Torino inizio a frequentare di più i locali, a concedermi un po' di quella vita notturna che non ho mai fatto prima. La città è grande, ma non abbastanza da impedire degli incontri casuali con Elisabetta: i posti che frequentiamo, gira e rigira, sono sempre gli stessi. Una sera ci incontriamo a una festa e le ripeto l'invito: «Mi devi dare il tuo numero, così magari...». Non trovo il modo per completare la frase.

«... Sì, usciamo a bere qualcosa insieme» completa lei, sorridendo. «Se ti va chiamami.»

Dopo qualche giorno effettivamente la chiamo. La invito a uscire. Fissiamo la data e l'ora. Quella sera non ho la mia auto. Chiamo un amico e mi faccio prestare la sua Smart. Non solo: Elisabetta ha la febbre, ma usciamo lo stesso. Andiamo a cena fuori e poi l'accompagno a casa. Facciamo dieci metri e arriva la terza sorpresa della serata: la Smart si inchioda, resta in mezzo alla strada come un pallone sgonfio. Forse a qualcuno, in una situazione del genere, salterebbero i nervi. A noi no. Ci guardiamo negli occhi e ci mettiamo a ridere. Mi avvicino e la bacio per la prima volta. Poi lasciamo lì la macchina e torniamo a piedi mano nella mano.

Cominciamo a frequentarci, ma senza bruciare le tappe. Con calma e nessun impegno dichiarato. Un sabato sera noleggiamo un film da Blockbuster per vederlo insieme a casa. Quando arriviamo al portone del palazzo vedo una macchina che lampeggia con i fari e suona il clacson. "Ma chi c..."

È il padre di Betta. Porco cane. Beccati in pieno. Io vorrei sparire sottoterra. Proprio mentre stavamo per entrare, ce l'avevamo quasi fatta...

«Buonasera Gianni!» dico fingendo la massima naturalezza.

Lui scende dall'auto e mi guarda con l'occhio tipico del padre sospettoso. Con tono fermo dice: «Che state facendo?».

Meno male che abbiamo in mano quel dvd! «Niente, Gianni, abbiamo preso un film e stavamo andando su a vederlo.»

«Occhio, Antonio, perché io ho solo una figlia.»

«Gianni, vedi il dvd. Stiamo salendo a guardare il film, tutto qui» rispondo. L'imbarazzo si taglia a fette.

Ma ormai la nostra storia è cominciata.

La prima volta che passo a prendere Betta sotto casa ho la Porsche. Scendo, le apro la portiera, lei si siede e vedo che inizia a cercare la maniglia. Scoppio a ridere come un pazzo.

«Guarda che nella Porsche non c'è la maniglia!»

E lei, seccatissima: «E infatti a me queste macchine non piacciono!».

Forse davvero ha ragione lei.

Meglio la Smart.

Soprattutto quando te l'ha prestata un amico e ha il buonsenso di lasciarti a piedi nel cuore della notte assieme alla donna della tua vita.

Capitolo nove

Prime panchine

Dopo quasi vent'anni in campo, è dura non trovarsi ai blocchi di partenza della nuova stagione. Mi sento disorientato ma nello stesso tempo pieno di energia. Non ho certo intenzione di ritirarmi a guardare le partite dal divano o di andare a commentarle in tv.

Nel frattempo alla Juve è in atto la rivoluzione di Capello: nuove idee, nuovi metodi di allenamento, nuovi giocatori. A qualche mese dal suo arrivo vado ad assistere a un allenamento della Juve. In quella occasione me lo presentano e iniziamo a parlare dell'ambiente, delle ambizioni della piazza, del modo di intendere il gioco.

«Cosa stai facendo adesso?» mi domanda a bruciapelo a un certo punto.

«Sto per iscrivermi al corso di Coverciano.»

«Così vuoi diventare allenatore... Senti che è la tua strada?»

«Guardi, mister, voglio provarci. Mi do tempo qualche anno per arrivare in una grande squadra: se non ce la faccio, mollo.»

L'ho sempre pensato e parlo a Capello con grande

schiettezza. Lui capisce la portata della mia ambizione. Sorride e dice: «Ti piacerebbe lavorare qui, nel mio staff?».

«Mister, sarebbe un onore. Verrei di corsa» rispondo, e con quell'iniezione di fiducia e di nuovi stimoli mi sento rinascere. Ma l'entusiasmo dura pochissimo. La società pone il veto per via di quella vecchia pendenza legata al mio ultimo contratto da calciatore. Franco Ceravolo, il responsabile delle giovanili della Juve, a quel punto mi propone di lavorare per lui, andando a visionare qualche giovane talento in giro per l'Italia. Accetto, anzi finisco per farlo gratis. Dopo qualche tempo si profila anche l'ipotesi che io possa diventare allenatore della Primavera bianconera. Ma neppure questa possibilità si concretizza. È l'ennesima delusione che incasso in quei mesi.

Durante l'estate 2004 volto pagina e mi iscrivo al corso allenatori di Coverciano, come avevo previsto inizialmente. Ho la sensazione di trovarmi dietro un vetro a guardare la giostra che riprende a girare senza di me. Trovo dentro la forza necessaria per ripartire e mi dico che l'unico modo per farlo è pormi degli obiettivi a breve termine, a cominciare dal patentino di allenatore di Prima categoria.

Nel luglio successivo, finalmente, il telefono ricomincia a squillare. Mi chiama Giorgio Perinetti, direttore sportivo del Siena.

«Antonio, mister De Canio ti vorrebbe nel suo staff, come secondo. Stiamo prendendo anche Ventrone come preparatore...» In verità, nel giro di qualche giorno vengo a sapere che era stato proprio Ventrone a fare il mio nome a De Canio. Ma non accetto l'offerta di Perinetti. Gli spiego che non credo di essere adatto a fare la spalla.

«Direttore, senza offesa, non sono convinto.»

Proseguo con il corso a Coverciano.

Dopo qualche giorno mi telefona Luciano Moggi: «Antonio, ma sei pazzo? Quella di Siena è un'opportunità importante. Se vuoi cominciare, non puoi rifiutare la loro offerta».

Gli rispondo: «Direttore, ma che sta dicendo? Mi avevate promesso la Primavera, adesso viene a dirmi quello che devo fare? Io non me la sento di fare da secondo».

Lui insiste: «No, stammi a sentire, tu hai bisogno di esperienza. Te lo consiglio».

Dopo due giorni mi richiama Perinetti per una nuova chiacchierata e penso di chiudere definitivamente la questione chiedendo un ingaggio elevato.

Lui non si scompone e replica: «Vedrai che troveremo un accordo a una cifra adeguata».

A quel punto comincio a pensarci su, perché capisco che a Siena mi vogliono davvero, mi stanno facendo sentire importante. Perinetti, alla fine della telefonata, mi strappa un ok per parlare di persona con De Canio. Quando lo incontro a Siena scopro una bravissima persona e anche un grande tifoso juventino. Scatta un buon feeling. Come ulteriore spinta, c'è la possibilità di tornare a lavorare con Ventrone. Così mi convinco e accetto di iniziare quell'apprendistato, ma faccio subito a De Canio un discorso molto chiaro: «Gigi, voglio essere onesto e corretto con te: farò il tuo collaboratore con il massimo impegno, ma sappi che il mio obiettivo è quello di fare il primo. Se capiterà un'occasione, la coglierò». Patti chiari e amicizia lunga.

L'arrivo a Siena segna anche l'inizio della mia convivenza con Elisabetta. Il nostro rapporto si è consolidato, stiamo insieme già da diversi mesi. Quando decido di partire, lei mi confida: «Io non sto lavorando in questo momento. Mi piacerebbe accompagnarti, cambiare vita, starti accanto... Magari trovo qualcosa di bello da fare lì». Anche a me fa piacere avere Elisabetta vicina, al mio fianco in quella prima avventura in panchina. La decisione è presa.

L'impatto dei metodi di lavoro di Ventrone sulla squadra non è da poco: Giampiero, oltre a essere molto preparato, è un duro con una forte personalità. Ma ho fiducia in lui, il lavoro fisico a cui ci sottoponeva alla Juve era stato determinante per il nostro ciclo vincente, quindi cerco di tranquillizzare tutti che l'enorme fatica verrà ripagata. La presenza in squadra di ex veterani juventini (per esempio Tudor) e di ragazzi che invece a Torino sono stati più di passaggio (Bachini, Paro, Legrottaglie) mi agevola in parte il compito.

L'obiettivo fissato, ovviamente, è la salvezza, restare in A per il terzo anno consecutivo. La stagione inizia con la Coppa Italia: superiamo i primi due turni ma al terzo siamo sconfitti in casa dall'Atalanta, quell'anno in Serie B, e tanto basta per scatenare un casino. È il 21 agosto, manca ancora una settimana all'inizio del campionato e già al primo intoppo emergono notevoli difficoltà. Dopo la partita, con Ventrone e il preparatore dei portieri Francesco Anellino, andiamo a mangiare un boccone da Nonno Mede, che è un po' il ristorante "ufficiale" del club. All'improvviso entra il presidente con alcuni collaboratori. Uno di questi si avvicina al nostro tavolo e comincia a sbraitare contro tutto e tutti: De Canio, i giocatori, i metodi di allenamento... Noi prendiamo le difese di Gigi a spada tratta: «Ma di cosa stiamo parlando? Siamo insieme da un mese, abbiamo fatto un lavoro fisico mostruoso, bisogna aspettare per vedere i risultati».

Andiamo avanti, ma la gestione degli equilibri non è semplice. Come succede a volte di fronte alle difficoltà, nascono alcune incomprensioni che, in ogni caso, cerchiamo di gestire nel miglior modo possibile, nell'interesse comune. Sul campo il lavoro paga e chiudiamo la stagione salvandoci con due giornate di anticipo. La partita che ci regala la certezza matematica è... Siena-Juventus.

Durante la settimana che precede la partita c'è molta tensione. La Juve di Capello insegue gli ultimi punti-Scudetto, noi la permanenza in Serie A. Scendiamo in campo determinati, ma dopo dieci minuti siamo sotto 3-0. Esplode la contestazione dei tifosi e ce n'è per tutti, dal presidente in giù, ma i più bersagliati sono gli ex juventini nelle nostre fila. Non sfuggiamo neppure Ventrone e io: in tutta la carriera, cori contro l'allenatore in seconda e contro il preparatore atletico non ne avevo mai sentiti. Il risultato non cambia al novantesimo, ma la vittoria della Reggina contro il Messina ci regala ugualmente la sospirata salvezza in un clima surreale: metà stadio festeggia, l'altra metà ci fischia sonoramente.

Quella partita contro la Juve, però, lascia una cicatrice profonda nell'ambiente. La società non rinnova l'accordo con il mister e Perinetti mi tiene in sospeso qualche giorno per capire l'orientamento di De Luca. Infine mi comunica la decisione: «Scusa, Antonio, sei libero. Ci muoviamo su altri fronti». Sulla panchina del Siena arriva Mario Beretta.

Faccio le valigie e me ne torno a Torino. Si apre di nuovo la prospettiva di un'estate piena di incognite, senza progetti definiti. Per esorcizzare le inquietudini professionali passo più tempo con Elisabetta, è l'unica persona che riesce a rasserenarmi. Un giorno sono con lei all'Ikea quando mi squilla il cellulare. Numero sconosciuto. Rispondo e dall'altra parte c'è Ermanno Pieroni, direttore sportivo dell'Arezzo. A due giorni dall'inizio del ritiro, mi spiega, non hanno ancora scelto a chi affidare la squadra.

«Mister, abbiamo un amico in comune. Il suo nome me l'ha fatto Luca Petrachi...»

Luca! Mio vecchio compagno di scorribande ai tempi di Lecce.

«Luca è stato esplicito: "Devi prendere un tecnico

giovane" mi ha detto. E ha fatto il suo nome. Io mi fido dei miei amici, quindi vorrei incontrarla.»

Se cercavo un modo per uscire in fretta dall'Ikea, non poteva essercene uno migliore.

È l'estate di Calciopoli e della vittoria dell'Italia ai Mondiali di Germania. Ma è anche l'estate in cui Elisabetta e io rischiamo di lasciarci. Andiamo in vacanza a Mauritius con una coppia di amici. Cominciamo a litigare tutti i giorni, quasi sempre per sciocchezze. Torniamo in Italia decisi a mollarci. Lei però mi chiede un favore: «Dammi solo un po' di tempo per riorganizzare la mia vita. A Torino non torno più, andrò a vivere a Roma».

Così restiamo come separati in casa. Passano i giorni, ci lanciamo occhiate feroci. Poi da feroci diventano più pacate. Infine si riaccende la fiamma che abbiamo dentro. E decidiamo di restare insieme, più forti di prima. Superiamo una prova fondamentale per la costruzione del nostro rapporto.

Nel frattempo l'Arezzo prende una penalizzazione di 6 punti, ma non mi interessa. Va bene tutto. Ho una chance, devo sfruttarla. Una panchina in B non viene offerta tutti i giorni a un esordiente assoluto. Firmo e raggiungo subito la sede del ritiro; praticamente non conosco nemmeno un giocatore ma ho sentito che c'è aria di smobilitazione. La squadra che l'anno prima ha sfiorato i playoff ha perso pezzi importanti. Il presidente Mancini è un tipo esuberante come da parecchio tempo non ne incontravo.

Una volta in ritiro, Mancini intuisce le mie perplessità: «Tranquillo Conte, la squadra la faremo subito». Sarà. Intanto guardo fuori dalla finestra dell'hotel e vedo la metà dei giocatori che vorrei avere in rosa. Più che a un ritiro precampionato sembra di essere in un supermercato: partono più giocatori di quelli che arrivano... Insomma, un viavai incredibile. Comunque, riusciamo a mettere insieme una squadra. Partiamo bene in Coppa Italia, superando i primi tre turni, ma il vero obiettivo è la salvezza. Un'impresa per gente che non ha paura, dato che partiamo da -6 in un campionato di altissimo livello, che vede al via delle autentiche corazzate: la Juve, il Napoli e il Genoa appena risaliti dalla C1.

Nelle prime cinque partite portiamo a casa un magro bottino: quattro pareggi e una sconfitta. Un goal fatto, due subiti. Alla sesta andiamo a Marassi per affrontare proprio il Genoa: 3-0 e tutti a casa. Nel dopopartita faccio i complimenti al loro tecnico Gasperini perché davvero ci hanno dato una lezione di calcio, ma soprattutto discuto vivacemente in diretta tv con un opinionista. A conferma di quanto sia eccezionale quella stagione, Sky segue anche tutto il campionato di B in esclusiva. Lui per criticarmi cita i numeri, io non ci sto: «Guardi, i numeri li conosco benissimo, ma lei dimentica che abbiamo sbagliato tre rigori in sei partite». Segnandoli, la classifica sarebbe stata certamente migliore. Aggiungo: «Oggi non ho nulla da dire ai miei calciatori. Guardo il Genoa, guardo noi e vedo una differenza troppo netta».

Pieroni non gradisce queste esternazioni pubbliche, iniziano le prime incomprensioni. Il giorno dopo cerca di convincermi che la squadra è forte, logicamente difende il suo operato. Conduco la squadra per altre tre partite, fino alla sconfitta con il Cesena. Il successivo martedì sera mi esonerano. Al mio posto arriva Maurizio Sarri, che viene accolto in città in pompa magna. Sono consapevole di aver commesso degli errori, ma anche arrabbiato: mi sono buttato con grinta in un mare di difficoltà, dovendo fare i conti con una rosa non all'altezza e con la penalizzazione. Ma chi la prende peggio di tutti è Elisabetta. Alla fine quasi sono io a dover consolare lei!

Delusi e arrabbiati, torniamo a Torino, ma non restiamo a lungo. Ad Arezzo ho peccato di inesperienza? Ok, migliorerò. Colmerò la distanza che mi separa dai migliori. Tornerò più forte. Questo è l'atteggiamento che ho sempre avuto di fronte alle sconfitte. Coverciano, mi dico, è stata una buona scuola, ma la mia preparazione non può essere finita lì. Quello che ho in mente è una specie di "viaggio di formazione": praticamente una vacanza-studio, che coinvolga anche Elisabetta. Destinazione Olanda. Sulle orme di Sacchi vado a osservare alcuni allenamenti dell'Ajax, ma soprattutto il mio obiettivo è studiare da vicino i metodi di Van Gaal, un maestro di calcio. Un uomo che, parlando di sé con alcuni giornalisti, si è definito con orgoglio «arrogante e dominante». Dopo aver portato una pioggia di titoli nelle bacheche di Ajax, Barcellona e Bayern Monaco, nel giro di due stagioni avrebbe guidato anche il piccolo AZ a vincere campionato e Supercoppa Olandese.

Andiamo al centro sportivo dell'AZ una prima volta e siamo fortunati: l'allenamento è a porte aperte. Non stacco gli occhi un attimo da Van Gaal, nemmeno quando guarda l'orologio tra un esercizio e l'altro. Alla fine della seduta penso di avvicinarlo e presentarmi, ma poi prevale la timidezza e lascio perdere. Il giorno dopo torniamo, ma l'allenamento è a porte chiuse. Ci provo lo stesso.

«Facciamo gli indifferenti» dico a Elisabetta. Troviamo uno spiraglio ed entriamo. Dopo poco mi sento toccare una spalla. Non mi volto.

«Ancora un momento, Betta. Cinque minuti e andiamo, giuro.»

Di nuovo quel tocco, per la verità un po' troppo pesante per essere di Elisabetta.

«Dai, Betta...»

«Excuse me, Sir...»

Mi giro e vedo in piedi dietro di me un uomo enorme. Sembra il fratello cattivo di Ronald Koeman, un ex giocatore olandese dal fisico imponente. È un uomo della security del club.

«Are you spying Mister Van Gaal? You can't stay here.»

Decido in quel preciso momento che nel mio aggiornamento includerò anche un corso d'inglese. Cerco di spiegarmi come posso: «I'm not spy... non sono una spia... player, old player» dico, mimando con la mano gli anni che mi sono lasciato alle spalle.

«Juventus!» concludo, non vedendo in lui nessuna reazione. È una sfinge. Una sfinge piuttosto arrabbiata.

«I want to see... allenamento... Van Gaal.»

Niente.

Elisabetta ride come una matta vedendomi provarle inutilmente tutte per intenerire il Koeman della sicurezza.

«I know who you are but you can't stay here» è la sua risposta definitiva. Finisce che prima di andare via gli faccio pure l'autografo, ma devo dire addio a Van Gaal.

Rientriamo a Torino e scatta la seconda fase del programma di aggiornamento. Frequento qualche campo del campionato Dilettanti, in cinque mesi macino più chilometri di un rappresentante. Sono convinto che quei luoghi siano pieni di persone che studiano davvero il calcio, preparatissime, anche se poi non arrivano neppure ad avere le presenze necessarie in categoria per fare l'esame per il patentino. Insomma, dai campi di provincia ottengo spunti interessanti da conservare per il futuro.

Nel frattempo ad Arezzo le cose non sono migliorate. Anzi. A poco meno di metà del girone di ritorno la squadra è ultima in classifica a dieci punti dalla salvezza.

Mi arriva una telefonata.

«Pronto, Antonio?» Non riconosco subito la voce.

«Sì? Chi parla?»

«Sono Pieroni, come stai?»

D'istinto mi verrebbe da dirgli tutto quello che penso di lui e di come stanno gestendo il campionato. Ma per una volta scelgo la diplomazia.

«Bene, grazie.»

«Bravo. Senti, sono qui con il presidente che ti chiede di tornare.»

Dopo lo 0-2 con la Triestina che costa la panchina a Sarri, tutti danno l'Arezzo praticamente per spacciato. Ma sono le imprese impossibili quelle che mi piacciono di più. Metto da parte le questioni personali e accetto.

Non abbiamo veramente nulla da perdere, così decido di andare all'attacco con un gioco aggressivo. È lì che pongo in essere il "mio" 4-2-4: esterni molto alti, attaccanti che fanno movimento, due centrocampisti e quattro di difesa abbastanza bloccati. In più, recupero giocatori importanti che rientrano da lunghi infortuni. Nelle prime partite i risultati sono altalenanti, non troviamo la continuità che ci aiuterebbe in classifica. Pieroni ricomincia a mugugnare, durante la settimana ha sempre in faccia quella fastidiosa espressione di chi, fosse per lui, farebbe diversamente. Toglie fiducia a tutto l'ambiente. Un giorno mi imbestialisco. Chiamo due miei collaboratori e gli dico: «Accompagnatemi in sede». Non avevo la macchina.

«Che succede?»

«Succede che due sono le cose: o da questo momento decido io o vado via oggi stesso.»

In sede vado da Mancini e da suo nipote, l'amministratore delegato, e tiro fuori tutto: «Da questo momento o si fa come dico io, oppure me ne vado subito, adesso. Mi sono rotto le scatole di questo gioco al massacro. Da adesso decido io quello che si deve fare. Se va bene è così, altrimenti...».

«No no, guarda, fai tu. Prendi la cosa in mano, non ti preoccupare» mi rispondono.

Iniziamo una cavalcata incredibile: sette partite, cinque vittorie, un pareggio e una sola sconfitta, proprio contro la Juventus. 1-5 in casa. La Juve ci batte e vola matematicamente in Serie A con tre giornate di anticipo: "Avrebbero potuto aspettare a farli, questi punti" pensa qualcuno, qualcuno che secondo me è invece totalmente fuori strada. A fine partita vado da mister Deschamps e gli faccio i complimenti. Prima del fischio d'inizio non sono andato a salutare nessuno proprio per non dare adito a eventuali strane interpretazioni.

E si arriva all'ultima partita del campionato. Contro tutti i pronostici, decisiva per la nostra rincorsa alla salvezza. Noi giochiamo a Treviso, lo Spezia a Torino contro la Juventus. Possiamo farcela. Se noi vinciamo e la Juve non perde, ai playout andiamo noi. Sarebbe davvero un'impresa. Ma accade l'impensabile: la Juve, che in tutto il campionato ha perso solo quattro volte ma che dopo la certezza della promozione si è lasciata un po' andare, perde 3-2, vanificando il nostro 3-1 a Treviso. Morale: Arezzo retrocesso, Spezia e Verona ai playout. Nel dopopartita rilascio interviste durissime. Neppure i cori dei tifosi juventini allo stadio alleviano la mia rabbia. Io divento non solo il condottiero ma anche il primo tifoso della squadra che alleno, anche quando questo significa andare contro la mia stessa storia personale. La delusione per la retrocessione è davvero troppo forte.

Si chiude così la mia prima stagione da allenatore. Scherzando dico che è stato un altro anno da studente Cepu. Mi sembra di averne fatti cinque in uno: ingaggio all'ultimo giorno di calciomercato estivo, ritiro con la squadra incompleta, sei punti di penalizzazione, esonero, ritorno, impresa sfiorata. Alla prima esperienza in panchina, davvero non mi sono fatto mancare nulla!

Capitolo dieci

Vittoria

Nonostante la salvezza ci sia sfuggita all'ultima giornata dopo una rincorsa miracolosa, alla fine della stagione non mi accordo con il presidente per proseguire la collaborazione, ma porto via da Arezzo la consapevolezza di poter fare molto bene. Sono stato un buon calciatore, ma non un campione: mi sono fatto strada andando oltre i miei limiti grazie al carattere, al desiderio di migliorare ogni giorno, alla tenacia, all'entusiasmo, alla voglia di impormi. Onestamente, so che non avrei potuto fare di più. Ma ora è diverso, sono più convinto che mai di poter diventare un ottimo allenatore.

Purtroppo nessun altro sembra accorgersene. L'estate passa velocemente e mi ritrovo di nuovo fuori dai giochi.

Alla fine di quel 2007, però, il mio malumore viene cancellato da un evento memorabile: il 9 novembre nasce mia figlia Vittoria. È la più grande gioia della vita mia e di Elisabetta, il suggello del nostro amore, la svolta radicale della mia esistenza. Ancora adesso, quando ci penso, gli occhi mi si riempiono di lacrime perché la mia felicità non si può descrivere. Vittoria viene alla luce il 9. Abbiamo appuntamento per le 8 del mattino. Elisabetta punta la sveglia alle 7, tanto i bagagli sono pronti, praticamente basterà lavarsi i denti e correre in ospedale. E poi, pensiamo, chi riesce a dormire? Invece succede che ci addormentiamo e la tensione è tale che combiniamo un pasticcio con la sveglia, per cui non suona. Alle 8,20 squilla il telefono. Risponde Betta. Dall'altra parte c'è l'ostetrica.

«Signora, ma che fa ancora a casa?! La stiamo aspettando!»

Ci assale il panico. Ci prepariamo alla velocità della luce e saliamo in macchina. Per fare prima brucio due semafori rossi. Sento un fischio vagamente familiare ma non c'è nessun arbitro nei paraggi. C'è però un vigile.

«Mia moglie è incinta, stiamo correndo in ospedale, la prego» provo a spiegare.

«Stia attento, non corra rischi» abbozza lui. Il braccio comprensivo della legge.

Arrivati, cerco di parcheggiare davanti all'ospedale ma non c'è posto.

«Betta, scendi e comincia ad andare. Io lascio l'auto e ti raggiungo.»

Lei si allontana con il suo trolley e quando riesco a salire anche io è già in sala parto. Nel frattempo è arrivata anche sua madre e aspettiamo insieme. Dopo un'ora si affaccia un'infermiera in camice verde. Ha in braccio Vittoria. Quando ricordo quel momento, provo sempre le stesse emozioni di allora. In un attimo, quella bimba mi fa scoprire l'amore più assoluto, più totale. Un amore unico, un amore diverso da quello che provi per la donna della tua vita, diverso da quello che provi per i genitori e i fratelli. L'Amore che ti riempie. Un amore ancora più forte.

Vittoria mi cambia giorno dopo giorno. Addolcisce i lati aspri del mio carattere. Mi induce a essere più paziente, io non lo ero quasi mai. Smussa tutti gli angoli. Grazie a lei scopro degli aspetti del mio carattere che non sapevo di avere. Erano nascosti nel profondo, dove solo mia figlia riesce a pescare e a farli emergere.

Il rapporto con Vittoria è cruciale e io mi sforzo di darle un indirizzo educativo che le consenta di affrontare via via i problemi che la vita presenta. Mio padre mi ha sempre detto: «Aggiusta l'alberello fin quando è tenerello». Cioè educa anche con severità, ma fallo subito, perché poi può essere tardi.

Vittoria mi riempie la vita. Quando torno a casa, lei è lì che mi aspetta. Se mi chiama «papy», mi sciolgo. Letteralmente. Mi abbraccia, mi stringe, certe volte mi fa quasi male.

«Amore, non così forte!»

E lei, tenerissima: «Scusa papà, ma mi piaci tanto».

Prima di andare a letto vuole sempre che io rimanga dieci minuti con lei a chiacchierare e a giocare. Si sdraia sul nostro lettone e poi, quando arriva il sonno, saluta e se ne va nella sua stanza. Dorme da sola da quando ha quattro mesi. Non ha mai fatto storie.

Se non la vedo per un po' di giorni, magari perché sono in trasferta, soffro tantissimo. Mi manca. Una figlia ti cambia, ti completa, ti fa maturare come persona e come uomo. Impari a essere meno egoista. Elisabetta la porta allo stadio da sempre. La prima volta aveva tre mesi. E adesso, a meno che non abbia la febbre a quaranta, assiste a tutte le mie partite.

C'è un rito che si ripete ogni volta che entro in campo: mi giro verso la zona della tribuna dove sono sedute entrambe e mando loro un bacio. Prima della partita devo sempre sentirle. Chiamo al telefono Elisabetta e poi parlo con Vittoria.

«Papà sei in albergo? Ma ti stai già vestendo? In bocca al lupo!»

Quando sento la sua voce mi rasserno. Per un attimo lo stress che mi prende prima di ogni partita scompare. Sono attimi fondamentali.

Appena nata Vittoria, la mia vita sembra rimettersi improvvisamente in moto. A partire dal momento in cui la prendo in braccio per la prima volta. È venuta al mondo da poche ore quando mi telefonano da Vicenza, la squadra non gira molto bene. Non se ne fa niente. Si fa vivo anche il Ravenna, ma senza seguito. Una mattina mi chiama Massimo Rastelli, che sta chiudendo la sua lunga carriera a Sorrento.

«Antonio, come stai? Senti, sto qua col direttore che mi ha chiesto un consiglio perché noi dobbiamo cambiare allenatore e sai, sono rimasto impressionato da come giocava il tuo Arezzo l'anno scorso. Ho parlato con qualche calciatore, mi hanno detto tutti benissimo di te... Insomma, a me farebbe piacere se tu venissi qua.»

Ho qualche perplessità, il Sorrento è in C1 e scendere di categoria un po' mi dispiacerebbe. Ma Rastelli insiste: «Dai, vieni! La prossima settimana giochiamo contro la Juve Stabia. Vieni, vedi gli allenamenti, la partita... Ti fai un'idea». Alla fine mi convince.

«Va bene Massimo, faccio un salto con mio fratello Daniele. Staremo giù due giorni.»

Andiamo e gli uomini della società ci vengono a prendere all'aeroporto di Napoli, siamo ospitati in un hotel meraviglioso. Mi portano a vedere il campo di allenamento, in sintetico, una bella struttura in cui si allena sia la prima squadra sia il settore giovanile, e poi il derby con la Juve Stabia. Quando rientro in albergo, dopo la partita, cominciano i colloqui veri e propri per farmi firmare. Cercano di convincermi in tutti i modi e io vacillo: la squadra mi sembra forte, ho voglia di allenare. Ma poi, a freddo, decido di declinare l'offerta.

Poco prima di incontrare i dirigenti ne parlo con mio fratello: «Daniele, io non me la sento. Questa è gente che ha passione, i tifosi mi sembrano fantastici, ma non me la sento».

Lui mi guarda, è d'accordo.

Mentre preparo la piccola valigia penso: peccato, è un posto stupendo.

A dicembre faccio un salto a Bergamo per andare ad assistere agli allenamenti dell'Atalanta di Del Neri e la sera stessa vado allo stadio per Albinoleffe-Treviso. In tribuna incontro Giorgio Perinetti, mio ex direttore a

Siena, ora al Bari. Lo saluto e gli faccio una raccomandazione: «So che le cose non stanno andando molto bene, se mai dovessi cambiare allenatore ricordati anche di me».

«Antonio, ma tu sei di Lecce, con quale faccia ti posso presentare a Bari? Scordatelo, non potrei mai farlo, con tutta la stima che ho per te.»

Incarto e porto a casa. Ok, lo sanno tutti che tra leccesi e baresi esiste rivalità, ma la cosa mi fa arrabbiare non poco. Non capisco questo sciocco campanilismo. Siamo professionisti, che importanza ha il posto in cui sei nato? Mi piaccia o no, devo comunque mettermi l'animo in pace.

Il 22 dicembre parto in auto per Lecce con Elisabetta e Vittoria. A metà strada chiamo un amico per avere i biglietti di Bari-Lecce. Dopo un po' mi richiama per dirmi che sono pronti, devo solo ritirarli una volta arrivato allo stadio. Ma troviamo un traffico spaventoso. Elisabetta mi dice: «Vai pure alla partita anche se arriviamo a Bari all'ultimo momento. Non ti preoccupare, noi ti aspettiamo in macchina». Una donna d'oro, perfetta per il mio carattere. Ma il traffico di quei giorni manda all'aria tutti i progetti e finisce che la partita l'ascolto in radio: Bari 0 Lecce 4.

Il giorno dopo mi chiama Perinetti: «Antonio, qua stiamo in mezzo al mare... Valutiamo varie possibilità, non so ancora cosa può succedere ma io sto pensando anche a te. Tu saresti sempre disponibile?».

«Ma certo, Giorgio.»

«Ok, ti richiamo e ti faccio sapere.»

Passano poche ore e il telefono squilla di nuovo.

«Guarda Antonio, il presidente non se l'è sentita. Ha confermato Materazzi. Ma secondo me dobbiamo cambiare, io sto battendo forte su di te. A me non interessa la storia di Lecce e questi preconcetti.»

Passano le feste di Natale e che succede? Materazzi rientra dalle vacanze e si dimette lui. Perinetti mi richiama subito: «Sei ancora a Lecce da tuo padre?».

«Sì, perché me lo chiedi?»

«Ci vediamo alle 13 a Polignano a Mare...» e mi dà appuntamento nell'albergo di un amico di Vincenzo Matarrese.

«Ma che sta succedendo, non avete confermato Materazzi?»

«Certo, ma lui si è dimesso. E quindi abbiamo pensato a te.»

Non mi sembra vero. Lo dico subito a mio padre e a Elisabetta: «Rischiamo di restare in Puglia. Forse mi prendono al Bari!». È il 28 dicembre.

Parto da Lecce con largo anticipo per essere puntuale, non voglio lasciare nulla al caso.

L'hotel Covo dei Saraceni si trova in uno dei punti più belli della costa pugliese, lo conosco perché un paio di mesi prima l'Associazione Allenatori mi aveva chiesto di tenervi una lezione. Tra l'altro la loro specialità è il pesce crudo, e io ne vado pazzo. Raggiungo Perinetti e Matarrese al tavolo, loro sono già lì, e cominciamo a chiacchierare. Spiego qual è il mio modulo di gioco e come intendo il calcio: velocità e spettacolo.

Il presidente è molto abbattuto per la situazione in classifica: sente il fiato dei tifosi sul collo e le pressioni dell'ambiente sono molto forti. Mi ascolta con attenzione. Era già convinto di affidarmi la squadra ma il modulo di gioco che gli ho spiegato lo galvanizza.

«Ok, per me l'accordo è fatto. Speriamo bene, caro Conte» mi dice alla fine.

Firmo per sei mesi.

«Non faccio contratti lunghi» dico subito. «Voglio che alla fine della stagione voi possiate valutare il mio operato. Così sarete più liberi di scegliere.»

La questione della rivalità Lecce-Bari per me non è mai stata così lontana: il mio obiettivo era allenare in una grande piazza, e Bari lo è.

Al di là delle ironie più o meno simpatiche su Lecce e Bari, i tifosi mi accolgono bene: «Che ce ne frega di dov'è, basta che ci salvi dalla Serie C. Siamo terz'ultimi!». Questo è il ragionamento che in città va per la maggiore. Non fa una piega.

L'esordio è in casa, al San Nicola, contro il Chievo. Spettatori paganti: trecentoventiquattro. Ho ancora la distinta. Praticamente sembra di giocare a porte chiuse, si sentono solo la mia voce e quella del tecnico avversario, Giuseppe Iachini. Loro hanno uno squadrone, sono appena retrocessi dalla A e vogliono risalire subito. Dopo otto minuti vinciamo 2-0. Ma ci rimontano fino al 2-3. A un certo punto mi giro verso la panchina e urlo: «Ma siamo su *Scherzi a parte*?».

Si avvicina un fisioterapista e mi rassicura: «Non

si preoccupi, mister, con noi farà bene. Questa stessa frase la disse anni fa anche Fascetti dopo una rimonta incredibile di non ricordo chi. Tale e quale a questa. E poi qua ha fatto la storia».

Da quella partita, le cose cominciano lentamente a cambiare in meglio. La squadra inizia ad assimilare i miei schemi, i reparti a girare bene tra loro. Cambia anche la mentalità: alla paura subentra la determinazione e la consapevolezza che siamo forti, che la salvezza non è per niente impossibile. I ragazzi danno tutto. Mi seguono senza fiatare, se avessi detto loro: «Andiamo su un grattacielo e buttiamoci senza paracadute» sarebbero andati e si sarebbero buttati. In primavera arriviamo a centrare nove risultati utili consecutivi. In più facciamo un calcio spettacolare e i tifosi impazziscono di gioia.

Nel giorno del derby di ritorno con il Lecce, il 17 maggio 2008, terzultima di campionato, la squadra offre una prestazione eccezionale. Tra l'altro quattro turni prima noi avevamo fermato il Bologna sull'1-1 facendo pure un favore al Lecce, che era potuto tornare in testa alla classifica.

La vigilia del match è molto agitata. Il centrocampista argentino Mariano Donda è squalificato, per noi è un'assenza importante. Manca pure Vincenzo Santoruvo, il nostro centravanti titolare, perché è infortunato. Mi tocca spostare un difensore, Andrea Masiello, nella zona centrale del campo. Un ripiego. Ma non ci possono essere alibi. All'andata il Lecce aveva vinto a Bari per 4-0, nella famosa partita che non ero riuscito a vedere perché ero arrivato in ritardo. Quella sconfitta brucia ancora.

Matarrese in settimana mi chiama per dirmi: «Antonio, lo so che tu sei di Lecce ma a me non interessa. Voglio vincere questa partita».

Gli rispondo meravigliato e indispettito. «Presidente, queste parole sono un insulto alla mia intelligenza. Io faccio l'allenatore e gioco tutte le partite per vincerle. Ci mancherà mezza squadra ma non importa. E non importa nemmeno il nome dell'avversario che ci troveremo di fronte.»

Sono un po' irritato. Io indosso sempre la maglia della squadra che alleno. In campo non c'è posto per le questioni di cuore.

Il giovedì facciamo allenamento a porte chiuse, ma poi aprono i cancelli perché trecento tifosi premono per entrare. Quasi quanti ce n'erano in tutto lo stadio il giorno del mio esordio. Ora al San Nicola siamo passati a una media di quindici-ventimila spettatori. E persino alla ressa davanti al centro sportivo.

Finalmente arriva il giorno della partita. Il Lecce si gioca la promozione, noi l'onore. Lo stadio di Via del Mare è strapieno. C'è il pubblico dei giorni cruciali, quelli in cui si decide il destino di una squadra. La proporzione è devastante: cinquemila baresi, a dir tanto, contro trentamila leccesi. Al momento di entrare in campo guardo i volti tesi dei miei ragazzi e li incito.

In cinque minuti (dal cinquantatreesimo al cinquantasettesimo) segniamo due goal. I tifosi di casa ammutoliscono, i nostri impazziscono di gioia. A

IL MIO PERCORSO DA CALCIATORE

Il mio... "esordio" con la maglia del Lecce.

Con i miei fratelli Gianluca e Daniele.

Stagione 1983-'84, i Giovanissimi del Lecce.
Sono il quarto da sinistra in ginocchio.

Nella stagione 1988-'89 il Lecce ritorna sul palcoscenico della Serie A dopo due anni di assenza.

Giovanni Trapattoni mi ha insegnato cosa significhi indossare la maglia della Juventus.

Arrigo Sacchi, un grande maestro di calcio. Qui siamo impegnati in allenamento nel ritiro pre-Mondiale, alla vigilia di Usa '94.

Con Marcello Lippi, l'allenatore di tante vittorie.

LE GRANDI GIOIE

22 maggio 1996, stadio Olimpico di Roma. La vittoria della Champions.

La felicità per lo Scudetto conquistato a Udine il 5 maggio 2002.

Festeggio lo Scudetto del 2003 con il mio amico Ciro Ferrara.

I GRANDI DOLORI

Perugia, 14 maggio 2000. Un grande dolore da capitano.

Juventus-Milan, finale di Champions 2003. Il momento dei calci di rigore.

14 giugno 2000. Italia-Romania, quarti di finale dell'Europeo. Prima e dopo la... cura Hagi.

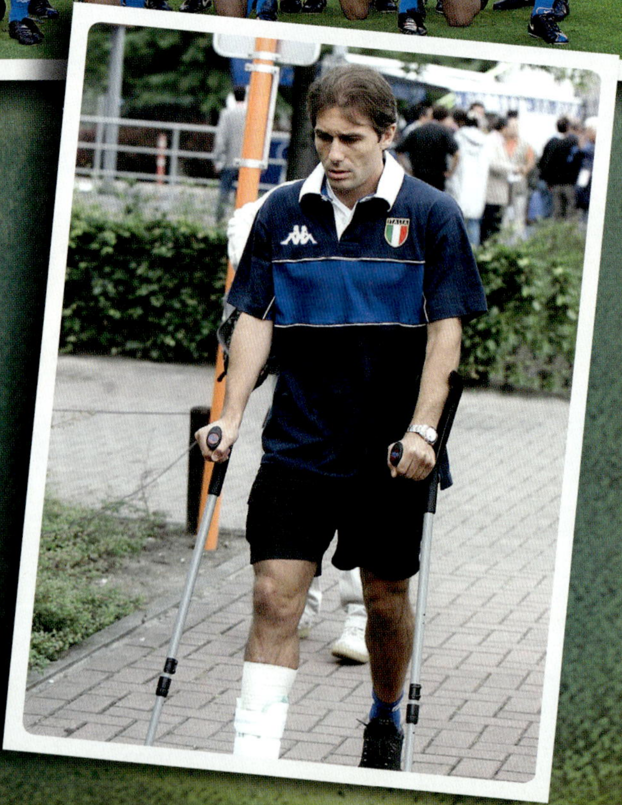

IL RITORNO ALLA JUVE

2011-2012. Del Piero, Buffon, Pirlo… una stagione trionfale.

I festeggiamenti per il mio primo scudetto da allenatore: in campo con Vittoria ed Elisabetta, sul pullman per le strade di Torino.

In uno Sky Box durante la squalifica.

Palermo, 9 dicembre 2012. Il ritorno in panchina.

cinque minuti dalla fine Corvia accorcia le distanze ma non basta. Vinciamo noi. Gavettoni e pompe d'acqua in azione per tutti, giocatori e spettatori.

L'effetto devastante, per il Lecce, è che sei punti nelle ultime due partite non basteranno per garantirsi la promozione diretta: il nostro sgambetto si rivela ancora più decisivo. Alla fine, comunque, i giallorossi conquisteranno meritatamente la Serie A passando dai playoff.

Dopo quella vittoria in trasferta, l'acredine dei tifosi leccesi nei miei confronti cresce d'intensità. E porta a un'aggressione estiva su una spiaggia salentina. Sono lì con Elisabetta, Vittoria, i miei genitori e alcuni amici quando si avvicina un gruppo di teppisti che comincia a insultarmi: «Bastardo, vieni a vincere a casa tua».

Un altro rincara la dose: «Pure quando sei venuto con la Juve hai segnato ed esultato. Ti facciamo a pezzi». Non c'è da ragionare. Non è gente da salotto. Sono delinquenti che vogliono picchiarmi.

Penso di affrontarli ma ho paura per i miei familiari. La situazione degenera, loro si fanno più aggressivi. Intervengono amici, parenti e alcune persone che sono lì solo per godersi una giornata di mare. Vedo gli occhi terrorizzati di Vittoria e di Betta. Gli amici mi proteggono e tentiamo la fuga. Ci salva l'arrivo dei carabinieri.

E tutto questo perché alleno il Bari!

Abbiamo chiuso la stagione a metà classifica, un risultato che a gennaio sembrava impossibile.

I dirigenti sono contenti del mio lavoro e io sono strafelice. La società mi rinnova il contratto. A Bari sto bene: sono entusiasta della città e la mia famiglia sta vivendo con gioia questa esperienza. Abbiamo trovato una bella casa sul mare, a Palese. Con Matarrese e Perinetti si è stabilito un ottimo rapporto e alcune volte andiamo anche a cena insieme con le famiglie.

Costruire la squadra con Perinetti è stimolante. Quando arriva il momento di pensare alla campagna acquisti si siede al tavolo, estrae un foglio dalla borsa e butta giù lo specchietto: portieri, difensori centrali, esterni, centrocampisti centrali e di fascia, attaccanti. Chi rimane e chi va? Io manifesto la mia opinione, la quale viene presa in considerazione con attenzione e rispetto. Giorgio cerca di allestire la squadra sulla base delle mie esigenze. «Se non riusciamo a prendere questo giocatore, su chi possiamo puntare?» Mi domanda. E io rispondo. Un dialogo costruttivo.

Sia chiaro: i soldi da spendere sono pochi. Ma Matarrese è su di giri. In qualche mese ha ritrovato entusiasmo e grandi stimoli: dalle molte contestazioni è passato agli applausi di fine stagione. Fissiamo un obiettivo per il prossima campionato: puntare alla promozione in A. È un progetto difficile, ma dobbiamo dare spettacolo e riportare definitivamente i tifosi allo stadio.

L'ambiente è carico, i sei mesi di gran gioco del campionato precedente mi hanno fatto conquistare il cuore della gente. Un leccese diventa l'uomo più popolare tra i baresi. Incredibile.

La stagione inizia bene e siamo in piena zona promozione. A ottobre divento il Dottor Conte. A Foggia, mi laureo con 110 e lode in Scienze motorie, lo stesso giorno e con lo stesso voto di mio fratello Gianluca. Titolo della tesi: *La psicologia dell'allenatore*. Vi ripercorro le tappe fondamentali della mia carriera analizzando le figure di tutti i miei mister, da Fascetti in avanti. Ci ho messo più di dieci anni per portare a casa la laurea, ma l'ho voluta con tutte le mie forze. È una questione di orgoglio non solo mio, ma anche dei miei genitori, della mia famiglia. Ho sempre studiato a Torino e dato gli esami in estate, con grande sacrificio ma senza mai pentirmene, anzi: l'università mi ha lasciato un bagaglio di conoscenze che sfrutto tutti i giorni nel lavoro.

Capitolo undici

Falsa partenza

In quella stagione 2008/09 il mio Bari sta divertendo, appassionando, raccogliendo elogi sui giornali. Il 4-2-4 si sta rivelando uno schema di gioco vincente.

A marzo 2009 ricevo una telefonata. All'altro capo del telefono la voce di Alessio Secco, il ds della Juve del nuovo corso, allora guidata da Claudio Ranieri.

«Grande mister, come stai?»

«Io sto bene, e tu? Cosa succede a Torino?»

«Niente di buono. Vivacchiamo, non riusciamo a risalire la china» fa lui.

«Lo capisco, non è facile.»

«Senti, io e Renzo Castagnini, il nostro capo degli osservatori, volevamo incontrarti. Ci possiamo vedere a Milano?» Quando chiudo la telefonata rimango qualche istante a pensare. Mi sto riavvicinando alla Juventus ma in realtà, non so bene per quale motivo, pur essendo contento di questo interessamento non percepisco dentro di me la situazione come realmente concreta.

Qualche giorno dopo salgo in aereo, destinazione Linate. All'arrivo guardo il cielo: piove a dirotto. Mi viene a prendere mio fratello Daniele e andiamo in albergo a incontrare Secco e Castagnini. Dopo un po' di convenevoli, arriva la fatidica domanda: «Ma... se ti prendessimo alla Juve, tu come giocheresti?».

«Be', un po' conoscete le mie idee. A me piace giocare all'attacco, con il 4-2-4. Due esterni rapidi, bravi nell'uno contro uno, e una squadra che partecipa con gli undici sia nella fase difensiva che offensiva.» Parlo per un'ora. I due annuiscono ogni volta che spiego nel dettaglio il mio gioco. Ci stringiamo la mano, ci diciamo arrivederci. Da quando ho smesso di giocare, non sono mai stato così vicino a un ritorno in bianconero, ma continuo a impormi un atteggiamento estremamente realistico analizzando l'evoluzione dei fatti.

Nelle settimane seguenti ci sentiamo spesso al telefono. Intanto gli organi d'informazione parlano con sempre più insistenza dell'arrivo a Torino di Diego, l'attaccante brasiliano del Werder Brema. Quando mi viene chiesto un parere, esprimo a Secco qualche riserva: «Nel mio gioco non è essenziale uno come lui. Con una rosa di attaccanti come Del Piero, Trezeguet, Amauri e Iaquinta non abbiamo problemi».

Su questo punto lui non ribatte. Capisco che non approva e che ha altri progetti. Insisto: «Piuttosto andiamo a trovare esterni molto forti». Parliamo allora di Robben, l'asso olandese del Bayern Monaco; parliamo di Walcott, il giovane inglese dell'Arsenal. Soprattutto di giocatori di questo tipo.

A Torino la situazione degenera. La Juve nel girone

di ritorno arranca, non trova mai la giusta continuità per insidiare l'Inter. La piazza si ribella, contesta i dirigenti e la squadra. Per placare i tifosi Secco e compagni annunciano come cosa ormai fatta l'acquisto di Diego.

Mi chiama Alessio: «Sai, Antonio, Diego lo abbiamo preso comunque».

«Avete speso venticinque milioni di euro?»

«Sì, ci è costato parecchio. Però tutti dicono che è bravissimo. Non ti devi preoccupare.»

«Sì, però nel mio gioco Diego lo schiero come attaccante. Lo metto vicino a un centravanti potente e lui gli gira attorno. Facciamo il 4-2-4 o una specie di 4-2-3-1.»

«Vabbe', vabbe', è tutto ok. Faremo una grande squadra» mi risponde.

Secco e Castagnini mi fanno capire che, per il mio arrivo sulla panchina della Juve, la strada è spianata. Il 18 maggio, dopo sette partite senza vittoria e le eliminazioni da Champions e Coppa Italia, la società esonera Claudio Ranieri. Al suo posto viene chiamato Ciro Ferrara, mio vecchio compagno di squadra, fino a quel momento responsabile del settore giovanile. I dirigenti si affidano a una soluzione interna, a una vecchia bandiera della Juventus, per le ultime due partite del campionato, ma si avvicina il tempo delle scelte definitive.

Manca solo un tassello per concretizzare la mia nomina a nuovo tecnico della Juve per la stagione successiva: l'incontro con l'amministratore delegato Jean-Claude Blanc. È lui che decide tutto. Mi fissano un appuntamento a Torino pochi giorni prima della finale di Champions League del 27 maggio tra Barcellona e Manchester United, all'Olimpico di Roma. Blanc mi accoglie a casa sua con molta cordialità. «Secco e Castagnini mi hanno fatto un rapporto dettagliato sui vostri incontri. Ora vorrei sentire da lei qual è il suo progetto.»

Parlo per cinque ore. Gli spiego qual è la mia idea di calcio: offensivo, spettacolare, veloce, molto gioco sugli esterni. «Il centravanti non deve restare inchiodato al limite dell'area avversaria. Deve rientrare come gli altri. Persino il portiere deve giocare la palla, da lui partiranno tutte le azioni.» E ancora: «Prediligo il 4-2-4, che però si può trasformare anche in un 4-2-3-1 o 4-3-3, a seconda delle situazioni e della qualità dei giocatori. Ho bisogno del mio staff e di un preparatore atletico bravo».

Uscendo dal suo appartamento ritengo che il colloquio sia andato bene. Un'ora dopo mi chiama Secco: «Antonio, gli hai fatto una grandissima impressione. Adesso non voglio sbilanciarmi ma ho buone sensazioni: sarai tu il nuovo allenatore della Juventus».

«D'accordo, Alessio, fatemi sapere.»

Dentro di me comincia ad aumentare l'entusiasmo, ma finché non ci sono firme e annunci ufficiali preferisco rimuovere il pensiero e concentrarmi solo sul Bari. Abbiamo una promozione ancora tutta da conquistare. Ma anche in città comincia a girare la voce che sono il candidato alla panchina della Juve. Alcuni tifosi non la prendono bene. Qualcuno cerca di creare dissapori tra me e la gente, ma non ci riesce. Con il Bari siamo d'accordo da tempo che qualora arrivi una proposta davvero importante sarò libero di poter scegliere. Intanto la cavalcata verso la Serie A diventa un autentico trionfo e portiamo a casa la promozione con tre giornate d'anticipo. Bari si trasforma nella capitale della gioia, i festeggiamenti religiosi per san Nicola si mescolano con quelli sportivi. Per la prima volta da allenatore vedo i tifosi che mi guardano con occhi pieni di riconoscenza per la gioia regalata.

Questa è un'emozione alla quale non si può fare l'abitudine per quanto risulta coinvolgente.

Passano i giorni e ricevo una nuova telefonata di Secco. Il suo tono, però, stavolta è un po' diverso: «Senti Antonio» mi dice, «ho bisogno di vederti. Dobbiamo parlare seriamente. È necessario che tu mi dia alcune certezze».

Prendo un aereo e lo raggiungo. Non ho buone sensazioni. Penso che sia sorto qualche problema, ma non riesco a capire quali ragioni ci possano essere per un cambiamento di scelta. A Bari scoprono che sto andando a Torino. Tutti sono contenti per la promozione in A già conquistata sul campo ma temono che la mia firma per la Juve sia ormai imminente.

Vado a casa di Alessio Secco. Quando arrivo, trovo anche Castagnini.

«Allora» esordisce Secco, «come ti avevo preannunciato al telefono abbiamo acquistato Diego. Ieri Castagnini è andato a vedere la finale della Coppa di

Germania tra il Werder Brema e il Bayer Leverkusen e lui è stato devastante. Un vero spettacolo.» E mi riporta tutte le prodezze fatte in partita.

Io li guardo e dico: «Bene, e quindi?».

«No, perché lui è abituato a giocare col 4-3-1-2. Quando gli abbiamo parlato del tuo modulo, ha manifestato poca convinzione. Preferisce giocare in modo diverso.»

Quando pronuncia queste parole cambio subito atteggiamento. Gli dico senza filtri cosa penso di questa storia: «Voi dovete fare le vostre scelte. Ma se un giocatore, chiunque egli sia, riesce a condizionarle, probabilmente siete sulla strada sbagliata. Se questo si verifica, io non posso essere il vostro allenatore. Dovete scegliere qualcun altro».

Sono sorpreso ma non dimentico le sensazioni percepite dall'inizio dei colloqui. Qualcosa mi ha sempre portato a essere concreto e a non illudermi.

Il nostro incontro praticamente finisce qui. Me ne vado su due piedi, saluto Secco ma Castagnini si offre di darmi un passaggio. In auto continuiamo a parlare ma le argomentazioni non cambiano. La società nei giorni seguenti conferma Ciro Ferrara anche per la stagione successiva.

Matarrese sa che la trattativa con la Juve non si è conclusa. Sa anche che l'Atalanta è interressata. Telefona a Perinetti perché mi convochi in sede per discutere del proseguimento del nostro rapporto professionale. Con la Serie A conquistata a mani basse, ora la piazza chiede la mia riconferma. Tutta Bari vuole che resti. Così ci ritroviamo presso l'hotel Vittoria a Palese. Io, il presidente e Perinetti. Parla Matarrese. Mi elogia, confida di nutrire un forte sentimento di riconoscenza nei miei confronti, mi ringrazia perché la piazza si è riconciliata con il calcio e con la loro famiglia. La conversazione prosegue in grande sintonia su tutti gli aspetti dell'accordo.

Matarrese e Perinetti mi propongono un contratto biennale.

«Presidente» rispondo, «abbiamo sempre fatto un anno e ha portato bene. Continuiamo così.»

Sul tavolo il contratto non c'è. Perinetti riporta le clausole su un foglio di carta. Gli accordi prevedono un ingaggio molto importante. Firmo io, firma lui e firma Matarrese. Me ne consegnano una copia. «Poi tra qualche giorno vieni in sede che firmiamo il contratto vero.»

La notizia del rinnovo viene diffusa immediatamente dai media. Facciamo pure una conferenza stampa. La stessa sera chiamo il direttore sportivo dell'Atalanta: «Ringrazio per l'interessamento, ma ho trovato l'accordo con il Bari e non posso venire».

Vado a casa e brindo con Elisabetta. Lei è felice di restare a Bari, non è assolutamente dispiaciuta che non torniamo alla Juve in quel momento. Troppe incognite. Progettiamo le vacanze e prima di partire domando al segretario della società: «Ma quando firmiamo?».

Lui allarga le braccia: «Mister, se il presidente non

comunica i dettagli dell'accordo io non posso farci niente». Nei giorni successivi non si concretizza nulla e per di più non si parla di alcun programma.

Comincio a essere un po' indispettito. Non ho ancora firmato il contratto e mi chiedo sempre più insistentemente perché. Quando finalmente ci incontriamo negli uffici di Matarrese, intuisco che l'atmosfera è diversa. Dico al presidente: «Se riscattiamo questi giocatori...». Parliamo dell'opportunità di avere quattro attaccanti... Matarrese mi interrompe: «Tre non ti bastano? Vuoi giocare con lo stesso modulo, col 4-2-4, anche in Serie A?».

Capisco che in quel momento devo interrompere il colloquio: «Presidente, lasciamo perdere. Oggi non è il momento giusto per parlare di acquisti. È meglio che vada via, mi conosco». Ed esco. Un'ora dopo mi calmo e chiamo Perinetti: «Giorgio, mi spieghi cosa sta succedendo?».

«Eh... Sai... Ci sono pochi soldi, non si può...» È in chiaro imbarazzo. Comincio a pensare che la mia prosecuzione sulla panchina del Bari non è più così scontata, ma non riesco a comprenderne i motivi. Tutto misterioso, tutto troppo criptico per le mie abitudini.

Chiedo un appuntamento a Matarrese. Ci incontriamo e dopo alcuni minuti di confronto mi chiede: «Preferisci che facciamo una risoluzione consensuale?».

Non comprendo i motivi di questo cambiamento.

A quel punto ho voglia di andarmene subito, ma prima ritengo doveroso tutelare economicamente i miei collaboratori.

Il giorno dopo viene comunicato il nome del nuovo allenatore del Bari!

Dopo aver visto sfumare la panchina della Juve e aver rifiutato quella dell'Atalanta, di punto in bianco mi ritrovo senza squadra. Incredibile. Ricercato da diverse società ed elogiato sui giornali per il calcio espresso dal Bari, resto fuori dai giochi. Ho imparato a mie spese un'altra lezione per il futuro.

Capitolo dodici

Il pugno alla porta

Quella che trascorre è un'estate tormentata. Mi chiedo più volte se ho sbagliato, quando e dove. Ma, onestamente, continuo a trovare poco da rimproverarmi.

Bari, comunque, mi è rimasta nel cuore. È il 20 settembre 2009, quarta giornata di campionato, e si gioca Bari-Atalanta, 4-1.

«Garantito» mi dice Daniele, «nel giro di pochi giorni arriverà qualche chiamata.» Stavolta si sbaglia, bastano poche ore. Sul display del telefonino vedo apparire un numero che già conosco: è quello del direttore sportivo dell'Atalanta, che mi sta chiamando dall'aeroporto di Bari-Palese.

«Antonio, il presidente ti vuole vedere subito.» Alessandro Ruggeri è il figlio dell'azionista di maggioranza della società. Suo padre, Ivan, è in coma da più di diciotto mesi e lui, a soli ventun anni, si trova al vertice della società.

«Arrivo.» Si apre un nuovo spiraglio con l'Atalanta.

Il giovane presidente mi riceve nella sua bellissima casa a Bergamo Alta, assieme alla sorella e al direttore sportivo.

«Qui le cose vanno male» dice Ruggeri. «Dopo il fallimento della trattativa con te quest'estate abbiamo fatto le nostre scelte, ma i risultati sono negativi» esordisce. Fa un'analisi impietosa dei problemi della squadra, che dopo quattro giornate è ancora a zero punti. Alcuni dettagli li aggiunge il direttore sportivo. Poi tocca a me.

«Come prima cosa voglio dirvi che, se troviamo un accordo, desidero firmare solo per un anno. Mi sento più libero io ed è meglio anche per voi.» Continuo con la spiegazione tecnica del mio modulo di gioco, mi soffermo sulla parte organizzativa e sul tipo di rapporto che intendo stabilire con loro.

Prima di uscire, però, aggiungo: «Guardate, tra tre giorni giocate in casa col Catania. Io non avrei neppure il tempo di preparare la partita. Pensateci bene e date un'altra opportunità al vostro allenatore». Non lo faccio per eccedere in generosità ma perché sono davvero convinto che debbano dare un'ultima chance a un collega. Mi sembra giusto.

«Fate la vostra scelta serenamente. Sono in debito con voi per il mancato accordo dell'estate scorsa. Già sono contento di essere qui e di avervi conosciuto meglio.»

«Ok» rispondono, «domani ti facciamo sapere che cosa abbiamo deciso.»

Torno a casa. Di solito, a tarda sera, il telefono lo spengo. È un'abitudine che mi porto dietro da anni. Ma quella volta, d'istinto, lo lascio acceso. E infatti, arriva una telefonata. È il direttore sportivo: «Vogliamo te come allenatore, dobbiamo cambiare subito. Prendi le tue cose e vieni a Bergamo».

Chiamo immediatamente i miei collaboratori: Ventrone, Anellino, mio fratello Gianluca e Toma. Arrivano tutti a Bergamo il giorno dopo. Ci guardiamo in faccia e ragioniamo sulle cose da fare subito, visto che la prima partita è tra due giorni.

L'avventura mi affascina. L'Atalanta è una società seria: ha un grande settore giovanile, un centro sportivo organizzato, ed è tutto a mia disposizione, posso gestire le cose come ritengo opportuno.

Fin dai primi giorni mi accorgo di dover far fronte a una situazione particolare. Ho una squadra che negli ultimi due anni ha fatto benissimo con un allenatore bravo come Del Neri. Il suo addio (per andare alla Sampdoria) ha provocato diversi squilibri nell'ambiente. Quando si lavora insieme per qualche anno si instaurano dei legami. E se sono arricchiti dai risultati, è difficile poi metabolizzare i cambiamenti. Sei abituato a lavorare in un certo modo, basta un'occhiata per capirsi. Tu sai come sono fatti i giocatori, loro sanno quello che vuoi tu. Un interscambio molto positivo.

Non è facile, per chi mi ha preceduto, inserirsi in una situazione simile. Capisco quello che mi aspetta. Ho la forza delle mie idee, ho dei metodi ai quali non rinuncio: «Cari ragazzi» dico al gruppo riunito davanti a me per il primo allenamento, «ora vi spiego come intendo giocare. Voi conoscete il mio modulo?». Proseguo: «Ancora non posso incidere con le mie idee e la mia gestione. In questo momento il vostro aiuto è assolutamente decisivo, tanto più che incontriamo il Catania tra solo due giorni. Buttate il cuore oltre l'ostacolo. Datemi quello che potete, dopo sarò io a dare tanto a voi».

Mi accorgo, però, che il mio messaggio non sta arrivando come vorrei. Mi rendo conto che non viene percepito quanto io anteponga i miei calciatori a chiunque altro. Un allenatore può avere tutte le qualità, ma se non conquista la fiducia e la disponibilità del gruppo non ottiene nulla.

Il mercoledì affrontiamo il Catania: 0-0. C'è tensione in campo, tanto che vengo espulso a un paio di minuti dalla fine della partita.

«L'importante era non perdere in questo momento e ottenere comunque un punto con una diretta concorrente» confido ai miei collaboratori, non certo ai calciatori!

La partita seguente, a Verona col Chievo, parte bene e andiamo in vantaggio, ma per un errore difensivo subiamo il pari e il risultato non cambia. Poi ospitiamo il Milan e portiamo a casa un altro 1-1 giocando in dieci per oltre un'ora. Quindi trasferta a Udine ed è qui che otteniamo la prima vittoria: 3-1. Su quel difficile campo è un risultato clamoroso per una squadra ancora in difficoltà. Un quotidiano locale il lunedì titola: *È scoccata l'ora*. Con il Parma in casa ci ripetiamo: 3-1. Cinque partite, nove punti. Imbattuti. Abbiamo iniziato un percorso importante.

Per la mia sesta gara in panchina andiamo a Livorno ad affrontare un avversario che ha da poco cambiato allenatore: si è appena insediato Serse Cosmi. Giochiamo bene ma non riusciamo a segnare. Nel secondo tempo, su un'azione nata da calcio d'angolo, ci fanno goal. A quel punto decido di sostituire Doni e faccio entrare un altro attaccante.

Cristiano Doni è il leader della squadra, il capitano amatissimo anche dai tifosi. Un così detto intoccabile. Mentre esce dal campo io non lo guardo, ma mi dicono che abbia applaudito ironicamente la mia decisione e detto: «Complimenti per la sostituzione». Per me la storia finisce lì. Ho giocato e di queste situazioni ne ho viste a centinaia.

La partita la perdiamo. Dopo un po', entro nello spogliatoio per parlare ai ragazzi. Dico: «È la prima sconfitta che subiamo. Mi spiace perché abbiamo giocato bene. Non ho nulla da rimproverarvi. Bravi lo stesso».

Finito il discorso si alzano tutti per uscire. Anche Doni lo fa, ma andando via, con evidente atteggiamento polemico, sferra un pugno alla porta. Io mi giro e do un pugno alla porta a mia volta. Come lui. E aggiungo: «Guarda che i cazzotti li sappiamo dare tutti».

Lui si avvicina verso di me con il chiaro intento di cercare uno scontro. «Credi di farmi paura?» grida facendosi largo tra i compagni che cercano di trattenerlo.

«E tu credi di intimorirmi con questi gesti?» Replico senza problemi. I dirigenti e i giocatori si mettono in mezzo per riportare la calma. Ruggeri ci chiede un confronto chiusi dentro uno stanzino dello spogliatoio.

«Quello che hai fatto è grave perché hai tentato di indebolirmi davanti alla squadra senza motivo. Le sostituzioni le decido io. Ho la responsabilità assoluta dell'Atalanta. Chiaro?» esordisco.

Doni ribatte senza peli sulla lingua: «Stavo giocando bene, non capisco perché mi hai mandato in panchina».

«Ripeto: sono io a fare queste valutazioni, non tu. Che ti piaccia o no.»

I toni lentamente si placano. Ci stringiamo la mano ma ho la sensazione che si tratti soltanto di una tregua armata. Intuisco che tra noi due c'è un muro, lui vuole la leadership dentro e fuori dal campo.

Scopro poi che Ruggeri si trattiene con Doni per alcune ore in albergo. Restano a parlare a lungo. Non so cosa si siano detti, ma il fatto stesso di aver parlato con il giocatore dopo il brutto gesto avuto nei miei confronti è un segnale sbagliato. Quel giorno e quella notte segnano il mio futuro nell'Atalanta.

L'indomani affronto la squadra e parlo anche dell'episodio con Doni per chiarire quello che è avvenuto. Sono diretto, abituato da sempre ad affrontare le situazioni da uomo e a non fuggire di fronte ai problemi. Mi illudo che l'ostacolo si possa ancora superare, ma in realtà l'Atalanta si ferma. I risultati sono altalenanti. Cerco di dare un impulso alla squadra, ma non arriva. In occasione della sosta natalizia vado a parlare con il presidente: «Alessandro, ho bisogno di rinforzi».

Il 6 gennaio arriva a Bergamo il Napoli. Dopo

pochi minuti Quagliarella si gira da trentacinque metri e inventa un goal incredibile: palla all'incrocio dei pali. Nel secondo tempo raddoppia Pazienza. Perdiamo 2-0. Finita la partita si scatena la contestazione degli ultras. Con Ruggeri e il direttore sportivo ci riuniamo in una stanza a parlare di prospettive di mercato.

In quel momento mi tornano in mente le parole del presidente all'epoca del primo incontro: «Caro Antonio, faremo tutto quello che ci chiederai. Possiamo mandare via chiunque non sia funzionale al tuo progetto, non ci sono intoccabili».

Adesso ha cambiato atteggiamento. «Non ti preoccupare, ci salveremo. Ma Doni non possiamo cederlo, altrimenti ci mettiamo contro l'intera piazza.»

«Guarda» rispondo, «gli ultras oggi ce l'hanno col tuo allenatore, cioè con me. Ma se non diamo un segnale forte rischiamo di retrocedere e a quel punto se la prenderanno anche con voi.»

«Ma no, stai tranquillo» conclude.

Poi arriva il direttore sportivo e mi dice: «I tifosi vogliono parlare con te». Questo, penso, è un atteggiamento sbagliato, che non può portare a nulla di positivo.

In ogni caso in quei momenti di concitazione accetto di incontrare quei tifosi. Parlo con quelli che stanno nelle prime file e riesco anche a stabilire un dialogo. Non sono imbestialiti con me, ragionano. Ma dietro di loro c'è una massa indistinta che comincia a insultarmi: «Sei un gobbo di merda!», «Te ne devi andare!», «Sei uno stronzo juventino». Poi passano agli insulti pesanti.

Inveiscono contro la mia famiglia, parole irripetibili, inaccettabili, e la situazione purtroppo degenera.

Perdo la pazienza e il controllo. In quel momento non penso che davanti a me ci sono cinquecento persone. Mi lancio contro di loro e ne nasce un parapiglia indescrivibile. Quando mi sono rivisto in tv, ho provato disagio, ma mi auguro che l'abbiano provato anche quelli che hanno fomentato la piazza.

Dopo questo parapiglia, rientro negli spogliatoi e torno dal presidente: «Mi dimetto» gli dico.

Lui respinge le dimissioni e mi invita a rifletterci sopra per qualche ora.

«D'accordo, stanotte ci penso. Ci vediamo domani all'allenamento.»

Torno a casa e parlo della situazione con Elisabetta.

«Non ce la faccio più. Non riesco a esprimermi. Non riesco a rimanere in una società dove purtroppo non posso lavorare come vorrei. Le pressioni della piazza non vengono gestite come dovrebbe essere.» Betta mi ascolta attentamente ma ha già capito. Dopo qualche attimo di silenzio traduco il mio pensiero in parole: «Si va via».

Il giorno dopo vado al campo e lì trovo Ruggeri e la sorella. Mi stanno aspettando. Come sempre non penso al denaro, potrei dire: «Non ho intenzione di perdere i soldi del contratto» ma non lo faccio. Sono troppo amareggiato. Ho la sensazione di aver buttato al vento in tre mesi le due bellissime stagioni al Bari.

I Ruggeri accolgono le dimissioni e me ne vado senza buonuscita. Psicologicamente è un duro colpo, ma non c'è niente da fare, sono fatto così: se capisco che non si può andare avanti come vorrei, preferisco fermarmi. Lascio la squadra con una posizione in classifica che le garentisce in quel momento la salvezza, ma alla fine del campionato l'Atalanta retrocede.

Quando, due anni dopo, torno a Bergamo con la Juventus mi vengono a trovare in albergo due capi ultras. Mi mostrano il ritaglio di un giornale locale di qualche giorno prima, che riporta le loro dichiarazioni: «Conte aveva ragione».

Ma non è tutto: a fine stagione 2011/12, dopo la vittoria dello Scudetto, ricevo un sms da Alessandro Ruggeri, ormai ex presidente dell'Atalanta visto che nel frattempo la famiglia ha venduto la società. «Caro Antonio, avevamo visto bene a sceglierti!»

Non so cosa rispondergli.

Rileggo e sorrido con un po' di amarezza. Come ho sempre pensato il tempo è galantuomo.

Capitolo tredici

Il carro del Palio

Le ultime delusioni mi hanno ferito: il flirt finito male con la Juve, il mancato rinnovo al Bari, le dimissioni con l'Atalanta. Devo ricaricare le batterie e così, in primavera, propongo a Elisabetta una vacanza in Egitto. Qualcosa, in un angolo della mente, mi suggerisce però che presto potrei rientrare in gioco e quando succederà dovrò essere al top. Stavolta tutto dovrà andare come dico io. Dopo aver lasciato Bari continuo a sentirmi spesso con Daniele Faggiano, all'epoca collaboratore di Perinetti. Con quest'ultimo, dopo quello che era successo a Bari, non ci siamo lasciati bene, ma continuo a essere convinto che, se un giorno dovesse cambiare piazza e avere bisogno di un uomo per vincere, mi richiamerà.

Ed è esattamente ciò che accade poco dopo.

Perinetti va a Siena, Faggiano ricuce i rapporti e inizia a parlarmi della possibilità di andare con loro per vincere il campionato di B con una squadra forte, appena retrocessa. È questo che mi intriga: potrei anche provare ad aspettare la chiamata di qualche squadra di Serie A, ma sono stimolato dall'idea di cominciare per la prima volta nella mia carriera da allenatore una stagione con l'imperativo di vincere. Vincere non è un di più, ma l'obiettivo dichiarato della società. E quando lavori con l'obiettivo di arrivare primo in campionato non puoi fare bene una partita ogni tanto, ma devi essere continuo. Quindi hai molta pressione addosso, ci devi convivere quotidianamente. Se riesci a farlo, diventa un valore aggiunto.

Perinetti mi pungola, seppellendo definitivamente i vecchi dissapori, ma nello stesso tempo mi dice realisticamente che sta parlando con diversi allenatori. Non c'è ancora nulla di deciso. Il direttore mi fissa un incontro con il presidente Mezzaroma e anche in quell'occasione sono molto chiaro nell'esporre le mie idee. Dopo qualche giorno mi richiama Giorgio: «La scelta è fatta. Sei il nuovo allenatore del Siena». Firmo il 23 maggio.

Sono felice. Ho di fronte una nuova sfida e la possibilità di ritrovare persone con cui ho già lavorato come Perinetti e Faggiano. Se sono a Siena lo devo anche a loro: mi conoscono bene, sanno come mi muovo e mi hanno sostenuto con il presidente. E poi, per me, rappresenta un grande stimolo, conoscendo l'ambiente. Un motivo in più per rimettermi in gioco proprio in quella piazza.

Mi basta poco per riaccendere il motore. Tra l'altro sono innamorato della città, ci sono stato benissimo anni prima. Ho imparato a conoscere l'agonismo delle contrade, il senso di appartenenza che contraddistingue ciascuna di loro, quella comunione d'intenti volta alla vittoria finale. Nel Palio ci sono molte similitudini con l'armonia che va creata all'interno di una squadra di calcio.

I tifosi sono molto esigenti. Non hanno accettato la retrocessione e hanno una grande voglia di rivalsa. La prima difficoltà, quindi, risulta quella di far metabolizzare la Serie B a una piazza che viene da sette anni di Serie A. La squadra, con la retrocessione, ha perso alcuni giocatori importanti. Va restituito l'entusiasmo e il senso di appartenenza, l'ambiente si deve ricompattare per raggiungere l'obiettivo.

Il campionato è equilibrato, a febbraio i giochi sono ancora tutti aperti e subiamo una brusca battuta d'arresto con il Piacenza: 3-2 per loro. I rapporti con i tifosi rischiano di compromettersi. Ed è in questo momento che sento la necessità di dare una scossa all'ambiente, incoraggiare i ragazzi a dispetto delle critiche. Non possiamo mollare nel momento più delicato della stagione. Qui e ora inizia la fase determinante per guadagnarsi la promozione. Prima della trasferta di Modena vado in conferenza stampa per lanciare un preciso segnale.

«Stiamo parlando di una squadra che dall'inizio del campionato è sempre stata prima, seconda o terza» incomincio. Voglio far comprendere che possiamo ottenere più facilmente risultati positivi incoraggiando i giocatori piuttosto che criticando sempre e comunque.

«Quando saremo promossi» aggiungo, «sul carro della festa devono salirci i giocatori, i dirigenti e i veri tifosi che ci sono sempre accanto.»

In una piccola città come Siena, quelle parole si fanno sentire. Raggiungo il mio obiettivo: compattare l'ambiente. L'atteggiamento di quella parte della tifoseria fino a quel momento scettica nei nostri confronti cambia radicalmente e ci ritroviamo un alleato in più. Non è un caso che otteniamo nove risultati utili consecutivi, sette vittorie e due pareggi, fondamentali per inseguire il nostro obiettivo. Conquistiamo la promozione con tre giornate d'anticipo.

A maggio, alla fine del campionato, il carro della festa c'è davvero. Quella meravigliosa città, già di per se stessa tanto affascinante, lo diventa ancora di più. I colori, le emozioni, le parole della gente rappresentano e manifestano la soddisfazione per quel traguardo raggiunto. Sono una parte di me che nessuno può cancellare. Dal punto di vista tecnico, è un trionfo. Chiudiamo il campionato con il miglior attacco e la miglior difesa. L'unico neo è rappresentato dal fatto che l'Atalanta nelle ultime giornate ci scavalca e chiude al primo posto. Ma in fondo non posso negare che sono contento di andare in A assieme a una mia ex squadra.

Capitolo quattordici

L'arrivo alla Juve

La primavera del 2011 sta trascorrendo positivamente.

A Siena, dopo le mie parole e i risultati in campo, l'ambiente è molto unito. La città è tornata al fianco della squadra di calcio. La gente mi ferma a parlare per strada, per una stretta di mano o una pacca sulla spalla, e quando vado al "mio" bar tutti vorrebbero offrirmi qualcosa. In cambio, chiaramente, non chiedono altro che qualche anticipazione sul futuro: «Dai mister, facci qualche nome di giocatori!». Persino le signore, che sembrano più disinteressate al calcio, partecipano emotivamente: «Noi si andava poco allo stadio, ora veniamo ogni settimana. Vada avanti così».

Scene come queste mi inteneriscono e inorgogliscono al tempo stesso. Mi sento una parte importante della città. Con Elisabetta e Vittoria viviamo qui serenamente. Abbiamo conosciuto persone nuove, alcune sono diventate amiche. La squadra è a un passo dalla promozione in Serie A, io ho ancora un anno di contratto.

Ogni tanto, non lo nascondo, il mio pensiero torna alla Juve. Non sta facendo un grandissimo campionato. La squadra sta confermando il deludente settimo posto della stagione precedente. È fuori dall'Europa e inevitabilmente iniziano a circolare le voci di un cambio di panchina a fine campionato. I nomi che si fanno sono tanti. Si parla di Villas-Boas, l'allievo di Mourinho, suo secondo per oltre cinque anni; di Mazzarri, che ha appena portato il Napoli in Champions; di Spalletti, neovincitore dello Scudetto in Russia con lo Zenit; di Guus Hiddink, l'uomo delle imprese impossibili, e della conferma di Del Neri.

E di Antonio Conte? Quasi niente. Solo i tifosi juventini fanno il mio nome dalle curve dedicandomi quei cori che già mi facevano venire i brividi quando li sentivo dal campo, con la maglia bianconera addosso. Mille emozioni riaffiorano ogni volta che penso ai tredici anni vissuti da calciatore a Torino, ma la realtà ora pare diversa: non sembra ci sia la possibilità di tornare alla Juve da allenatore, o almeno, non sono in quel momento la priorità dei dirigenti. Mentre conduco il Siena nelle ultime partite che ci separano dal ritorno in A, ripeto a me stesso un vecchio proposito: "Se entro breve non riesco ad allenare una grande squadra, meglio smettere".

Poi, un giorno, ricevo una telefonata insolita. A chiamarmi è Silvio Baldini, che, dopo aver concluso la stagione precedente sulla panchina dell'Empoli, al momento si trova senza squadra. Silvio è un bravo allenatore ma, al di là della stima reciproca, non ci siamo mai frequentati. È una persona vera, uno a cui piace dire sempre in faccia quello che pensa, anche duramente. Esordisce in questo modo: «Antonio, devi fare una cosa: devi cercare di parlare con Agnelli. Lui capisce le persone... Se gli parli, vedrai che ti porta alla Juve».

In realtà con Andrea Agnelli non ho rapporti. Sì, ci conosciamo, ma tutto lì. La telefonata di Baldini mi fa riflettere. Le sue parole hanno un senso: «Tu devi parlarci. Se ci riesci, vedrai che ti sceglie perché capirà che hai le idee e le qualità giuste per fare bene da loro».

Ci penso qualche giorno e poi mi viene in mente un amico comune, molto legato alla famiglia di Andrea Agnelli. Che male c'è? Ci provo. Al massimo mi dirà «No, non posso». Così lo chiamo e gli spiego qual è il mio obiettivo. Lui mi disarma un po': «Da quello che so vogliono confermare Del Neri, ma cercherò di farti avere il colloquio».

Intanto mancano poche giornate alla fine dei campionati. In settimana sono a cena con un po' di amici quando a un certo punto squilla il telefonino e sul display lampeggia il numero dell'"amico in comune". Gli occhi mi si accendono, mando giù il boccone quasi intero e mi alzo dalla tavola. Dall'altro capo riconosco la voce di Andrea Agnelli. Il presidente è molto cordiale, immagino anche per i miei lunghi trascorsi in bianconero: con suo padre Umberto e con suo zio Gianni abbiamo vinto tanto, tutto. Io sono stato anche, per alcune stagioni, il loro capitano. Ora

Andrea mi dice: «Guarda, sulla tua candidatura ci penso, in ogni caso ho piacere di incontrarti. Ti farò sapere. Va bene?».

Una telefonata gentile, ma molto formale. Non mi illudo e non sono neanche particolarmente ottimista. "Anzi" mi ripeto, "magari mi chiamerà a decisioni già prese. Per pura cortesia." Invece no. Il giorno dopo mi manda un sms chiedendomi se ci possiamo vedere a casa sua, a Torino. Gli dico che noi giochiamo a Novara alle 12,30 del 1° maggio e che potrei andare da lui dopo la partita.

Comincia il conto alla rovescia verso il grande giorno. La mia occasione. Cerco di riflettere su quello che può succedere e su quello che devo dirgli. Ipotizzo mille scenari, ma alla fine scelgo come sempre la verità e la coerenza: credo in me e sono convinto di potermi giocare le carte giuste. Dopo la partita viene a prendermi Daniele e partiamo in direzione Torino.

È tutta la settimana che, tra le altre cose, penso a come vestirmi in vista dell'appuntamento: giacca e cravatta oppure informale? Alla fine scelgo jeans, camicia e maglione. È primavera, un pullover di cotone sulla collina torinese mi sembra adatto. Daniele mi accompagna in auto davanti alla villa e fa inversione. Prima di andarsene mi guarda e mi dice: «In bocca al lupo. Mi raccomando, parla senza remore». «Sicuramente. Ti chiamo io quando ho finito.»

Suono e viene ad aprirmi Andrea in persona. Sì, proprio lui, con il sorriso sulle labbra, un jeans e una t-shirt bianca. Niente giacca e cravatta. Mi presenta la moglie e la loro bimba, che si rivolge ai genitori in un inglese perfetto. Magari lo sapessi parlare io in questo modo! Lasciamo la bimba a guardare i cartoni animati e con Andrea entriamo nel salone per cominciare la nostra chiacchierata. Realizzo subito di non essere stato per nulla nei pensieri di Andrea come nuovo allenatore juventino, fino a quel momento. Lo capisco dalle battute iniziali. Mi offre addirittura qualche loro giocatore per la nuova stagione, persino elementi di un certo livello: «Li vuoi al Siena?» mi domanda.

Penso: "Scherza o dice sul serio?".

«Li prenderei molto volentieri, ma il Siena non se li può permettere» replico con un sorriso.

Rifletto. Ritengo che per ora il messaggio di Agnelli sia il seguente: «Guarda, per quanto mi riguarda rimani al Siena». Capisco che da parte sua, per ora, c'è chiusura. Ma so anche che ho in mano delle carte importanti da giocare. Dopo tredici anni con la maglia bianconera mi posso permettere di dire alcune cose, di analizzare obiettivamente le difficoltà della Juventus. Di discutere riguardo a quello che è accaduto nelle ultime stagioni, della rosa attuale, delle scelte da fare. Così inizio a spiegare come vedo la squadra, quali impressioni mi suscita quando guardo le partite in tv.

«Presidente, non se la prenda, ma la Juve gioca come una provinciale. Negli ultimi anni, non solo in questo, regala sempre metà campo agli avversari.

Invece quando una squadra viene a Torino dovrebbe avere timore ancora prima di entrare in campo. Mi ricordo quando venni a giocare per la prima volta con il Lecce al Comunale, ero giovanissimo... Mi tremavano le gambe! Una grande squadra deve sfruttare questa situazione e aggredire l'avversario di turno. Invece la Juve aspetta per ripartire, come fanno le squadre di provincia. Questo non va bene, deve fare la partita, deve prendere il possesso della metà campo avversaria, deve mettere soggezione e far capire subito che c'è poco da fare, sia in casa che in trasferta!»

Lui annuisce, comincia a partecipare in senso positivo, a interessarsi ancora di più al nostro dialogo.

«Lo ripeto sempre a tutti che devono ricordarsi quale maglia indossano. Quale storia portano in campo, quali giocatori straordinari li hanno preceduti» dice Andrea andando a ruota libera. Inizia ad aprirsi, tanto che mi chiede di dargli del tu.

Poi passa a domandarmi cose più specifiche: «Allora tu cosa faresti se fossi il nuovo allenatore della Juventus?».

È la domanda che aspetto.

Per prima cosa sottolineo l'importanza di dare forti motivazioni ai giocatori della vecchia guardia, con i quali negli ultimi anni sono state fatte scelte discutibili. «Bisogna rilanciare il nucleo del vecchio gruppo.» E ancora: «La Juve ha bisogno di giocatori che hanno fame di vittorie, che sposino totalmente il progetto. In questo momento i nomi non contano troppo».

Ma è soprattutto con un altro concetto a me caro che ritengo di attirare la sua massima attenzione:

«Dobbiamo introdurre una nuova idea di calcio in cui tutti attaccano e difendono. Come accade nel Barcellona».

Gli ricordo che la Juve ha speso tanto e sta chiudendo la seconda stagione consecutiva al settimo posto. Fuori dall'Europa. «Sono convinto» aggiungo come un fiume in piena, «che con il lavoro, con un'idea di calcio moderna, con un progetto vincente, la Juventus ha la possibilità di rientrare nell'élite del calcio nazionale e internazionale. E anche in breve tempo.»

Terminato il mio discorso, penso che il presidente può essersi risentito e non ritenermi adatto. Oppure ha capito in pieno quello che voglio dire e allora...

Scende la moglie, Andrea chiede permesso e la raggiunge nella stanza accanto. Ho giusto il tempo di mettere a fuoco un concetto: "Sono in casa di Andrea Agnelli da tre ore e sto parlando senza sosta". Quando lui ritorna, dai suoi occhi percepisco che è entusiasta della nostra chiacchierata.

«Sono contento di aver parlato con te. È la prima volta che sento discorsi non banali, con un approccio diverso. Il prossimo passo è quello di farti parlare con Marotta.» Vale a dire l'amministratore delegato e direttore generale. «Proprio una bella chiacchierata» rimarca con aria soddisfatta mentre mi accompagna fuori.

Chiacchierata? L'ho sommerso di parole! Esco dalla villa con la convinzione che si è aperta una possibilità di diventare il nuovo allenatore della Juve. Ma è tutt'altro che fatta, anche perché Andrea mi fa capire che stanno riflettendo a lungo su Del Neri: sostituirlo o dargli un'altra possibilità?

Chiamo mio fratello perché mi venga a prendere e in auto mi assalgono mille pensieri. Il giorno dopo, da Roma, Agnelli mi telefona e mi passa Marotta: «Ciao Conte, ci sentiamo presto, va bene?». La Juventus vince contro la Lazio 1-0. Aspetto la chiamata dell'amministratore delegato, ma in quella settimana non succede nulla.

Il sabato successivo il mio Siena conquista la promozione pareggiando 2-2 con il Torino. Due giorni prima avevo scritto ad Andrea per dirgli che nessuno mi aveva chiamato. Nessuna risposta, ma dopo la promozione mi scrive per congratularsi.

Il lunedì sera successivo la Juve gioca il posticipo casalingo con il Chievo. È il 9 maggio. Il Chievo rimonta incredibilmente il 2-0. La Champions è ormai un sogno, si complica anche il discorso Europa League. Andrea Agnelli mi ricontatta il giorno dopo: "Ti chiamerà Marotta" mi scrive. Ogni volta che squilla il telefonino spero sia la chiamata che attendo. Amo Siena ma desidero la Juventus. Sentimenti inconciliabili, ma entrambi veri.

Finalmente la telefonata di Marotta arriva. Sono a Siena, sto guidando. Il direttore dice di volermi vedere domenica dopo Parma-Juventus. La partita termina con un'ulteriore sconfitta della squadra bianconera.

Mi incontro con Marotta a Milano, negli uffici di un suo amico. Con lui c'è anche Fabio Paratici, direttore sportivo bianconero. Anche con loro ribadisco a grandi linee quanto espresso al presidente: «Siete in un momento di difficoltà, ma è possibile risalire». Li guardo negli occhi. Loro incrociano gli sguardi. Forse hanno bisogno di sentirsi dire qualcosa di rassicurante, viste le critiche che arrivano da più parti. E cioè che la situazione non è così tragica, si può tornare in vetta. Concludo: «Io sono pronto. Sono giovane, posso anche essere considerato una scommessa, ma vengo comunque da due campionati vinti in Serie B in tre anni. Inoltre conosco molto bene l'ambiente». Tanto per essere chiari. Gioco sulle mie qualità senza presunzione, ma con sincera determinazione.

Esco dal colloquio contento, con la sensazione di averli sorpresi in positivo.

La situazione resta in sospeso. Passano i giorni e i quotidiani iniziano a fare il mio nome con insistenza crescente. Viene abbandonata l'opzione Villas-Boas. Per lui avrebbero dovuto pagare una penale di quindici milioni più un superingaggio. L'ipotesi Conte alla Juve è sempre più forte: tutti sanno che tornerei a Torino molto volentieri. I giornalisti iniziano a cercarmi con sempre maggiore frequenza. Certo, si parla anche di me come di un allenatore bravo ma difficile da gestire, e non è del tutto falso: se essere facili significa inchinarsi davanti a decisioni che non si condividono o non si ritengono logiche senza poter esprimere la propria opinione, allora sì, sono molto difficile da gestire.

Cinque giorni dopo l'incontro di Milano, Marotta mi chiama per rassicurarmi: «Antonio, la scelta l'abbiamo fatta: sei tu. Stai tranquillo».

Tranquillo? Facile a dirsi! Rivedo vecchi fantasmi. Già una volta sono stato vicino alla Juventus e non se ne è fatto niente. "Finché non metto la firma non ci credo. Non è successo ancora nulla" continuo a ripetermi. Ma questa volta, a dire il vero, percepisco una situazione chiara e concreta.

Due giorni dopo risento la voce di Marotta.

Sto vivendo il momento che aspettavo, che ho desiderato così a lungo, con così tanta forza.

«Antonio, preparati a venire a Torino per fare la presentazione» lo sento dire.

Quando ricevo la chiamata sono da solo.

In un attimo mi passano per la testa tante immagini del passato. Devo fermarmi, sono troppo emozionato. Il cuore batte a mille, le vene pulsano. Non mi vergogno di dire che, conclusa la telefonata, inizio a piangere. Lacrime di gioia.

Penso alle persone che mi hanno sempre aiutato. Alla mia famiglia. A papà Cosimino. A mamma Ada. Ai miei fratelli. A Elisabetta. A mia figlia Vittoria. Al mio staff. A Franco Anellino, mio fraterno collaboratore, scomparso in un incidente stradale circa un anno prima.

"Ce l'hai fatta, Antonio."

La gioia è indescrivibile. Per uno come me, che vive di emozioni, di entusiasmo, è una botta pazzesca. Quando mi riprendo corro a casa, abbraccio Elisabetta e le do la notizia. Anche lei, che ha imparato ad amare la nostra vita itinerante, le nuove amicizie fatte negli anni in giro per l'Italia, la gioia di scoprire dei posti insieme, sente che è il momento giusto per tornare. È felice ed emozionata come me, anche se non è tipo da facili entusiasmi. Ma per quelli ci sarà tempo, ora ci sono cento cose da fare...

La prima è informare il presidente Mezzaroma e Perinetti dell'accordo raggiunto. Li ho sempre tenuti al corrente di tutto, sapevano benissimo che ero in trattative con la Juve. Addirittura qualche settimana prima di chiudere l'accordo mi aveva chiamato il presidente del Monte dei Paschi: «Caro Conte, se è vero che va alla Juve la lasciamo andare, ma se è per altre squadre se lo scordi. Lei resta qui, chiaro?». Una bella telefonata, con un tono più bonario che minaccioso. Il presidente Mezzaroma mi aveva concesso il via libera, ma nello stesso tempo mi aveva fatto sentire sempre importante. Anche la società si dimostra molto ragionevole e non è scontato: ho ancora un anno di contratto con il Siena, potrebbero avanzare pretese o mettermi il bastone tra le ruote, ma non fanno nulla di tutto ciò. Non potrò mai dimenticarlo.

La seconda cosa da fare è organizzare in fretta il trasloco, il tempo stringe. Il campionato di B si chiude il 29 maggio e due giorni dopo sono atteso a Torino per la conferenza stampa di presentazione. Per fortuna c'è Elisabetta. Riesce a preparare una trentina di scatoloni nel solo tempo che io impiego per realizzare la cosa.

Facciamo giusto in tempo a partecipare alla festa per la promozione del Siena, a salutare e ringraziare tutti, che è già il momento di caricare la macchina e partire. Le quattro ore e mezza che mi separano da Torino non finiscono mai, ma quello resta fino a oggi uno dei viaggi più belli della mia vita, insieme con la sensazione di tornare a casa. Lascio una città e un'esperienza professionale meravigliosa. Provo una gioia e una carica indescrivibili. Appena arriviamo a Torino, dopo aver lasciato Vittoria ed Elisabetta da sua mamma e scaricato i bagagli, vado subito in sede, in corso Galileo Ferraris. Sono sette anni che aspetto di varcare nuovamente quella soglia. Sul contratto ci sono solo dei piccoli dettagli da definire. Firmo per due stagioni. La società mi offre anche dei premi-vittoria per la conquista della Coppa Italia, della qualificazione Champions o addirittura dello Scudetto, ma io rifiuto la proposta. «Facciamo così» dico, «giudicate voi il mio lavoro alla fine della stagione. A quel punto il mio premio lo deciderà Andrea Agnelli.»

Quando arriva anche il presidente è tutto pronto per la firma, che avviene nella sala dei trofei. Rivedere in bacheca quelle coppe che ho contribuito a vincere da giocatore è un'emozione unica. Faccio una carezza alla Coppa della Champions 1996 perché la sento mia, mi viene naturale. Decine e decine di anni di gloriosa storia bianconera a portata di mano, tutto in una stanza. E io sto per diventare il nuovo condottiero del club.

Mentre raggiungiamo la macchina che ci porterà a Vinovo per la presentazione alla stampa, prima di uscire dall'ingresso principale, accade la cosa più bella. Andrea mi prende da parte un attimo e mi confida un particolare: «Antonio, ti ricordi la nostra prima chiacchierata a casa mia, quando mia moglie era scesa in salone ed ero andato di là con lei per qualche minuto?».

«Certo che mi ricordo.»

«Be', sai com'è andata? Lei mi ha chiesto chi fosse quel signore con cui parlavo da tre ore. E io le ho risposto che in salone c'era il nuovo allenatore della Juventus.»

Capitolo quindici

Tutti al lavoro

Mercoledì 2 maggio 2012, Juventus Stadium, ottantacinquesimo minuto di Juve-Lecce. Barzagli appoggia la palla all'indietro a Buffon, che sbaglia lo stop e di fatto la regala all'attaccante giallorosso Bertolacci: goal. 1-1 a cinque minuti dalla fine. Mi metto istintivamente le mani nei capelli: non tanto per il goal, quanto per Gigi, che infatti è come scioccato. Una partita totalmente nelle nostre mani, in cui il Lecce non aveva mai tirato in porta, diventa da un minuto all'altro uno psicodramma. La squadra vive attimi di smarrimento. A due giornate dalla fine, i giochi sono improvvisamente riaperti. Ora abbiamo solo un punto di vantaggio sul Milan e dobbiamo giocarcela fino in fondo. Dopo la partita, cerco di rincuorare i giocatori, di non infierire, ma vado a casa molto amareggiato.

A mezzanotte sento il segnale di un sms in arrivo. Lo apro per leggerlo: è di Gigi.

"Scusa Antonio, ho sbagliato. Avrei preferito rompermi i legamenti piuttosto che fare un errore così grossolano."

Gli rispondo subito: "Non ti devi scusare per niente

e con nessuno. Perché la tua storia è lì, davanti a tutti. Hai dato tantissimo alla Juventus e alla Nazionale. Non devi scusarti con me, né con i compagni, né con i dirigenti, né con i tifosi: stai dando il massimo e darai ancora di più". Punto.

Mi piace cominciare dalla fine il racconto di questo anno magico della Juventus, perché è un episodio che contiene tutto: il mio rapporto con la squadra, la stima reciproca con i fuoriclasse, lo spirito che aleggia tra di noi. Lo Scudetto nasce da queste cose, in questi frammenti di storia, costruito giorno dopo giorno.

Il primo mattone è la conferenza stampa di Vinovo (31 maggio 2011), la mia presentazione ufficiale. Tira un'aria strana. Inizio il mio intervento dicendo che per me essere alla Juve è come un ritorno a casa, ma, quando la parola passa ai giornalisti, le domande sono quasi tutte sul filo della polemica: qualcuno mi chiede se non mi senta la sesta/settima scelta della società, qualcun altro domanda come mi comporterò con Del Piero e Buffon, se mi creerà problemi il fatto di essere stati compagni in campo anni prima. Cancello immediatamente qualsiasi ombra: «Gigi e Alex per me rappresentano un valore aggiunto perché conoscono la juventinità e sanno cosa vuol dire vincere e cosa ci vuole per farlo». Sorrido per sottolineare che non condivido quelle domande. Per iniziare il cammino abbiamo bisogno di serenità, di armonia.

Esaurite le questioni formali, passiamo subito a mettere a punto le strategie di mercato. Con Marotta e Paratici lavoriamo fianco a fianco, loro si consultano con me per cercare di trovare i giocatori adatti al mio modulo. Ogni tanto discutiamo, ma sempre con il massimo rispetto ed educazione. Io li ammiro perché loro avevano scelto Del Neri la passata stagione: arrivavano tutti e tre dalla Samp, era lui il loro uomo e l'hanno difeso fino all'ultimo. Ora invece ci sono io e mi assistono come se avessero scelto me dal primo momento. Senza remore. Da veri professionisti. Gli inizi non sono semplici perché quando cerchi l'eccellenza diventi esigente con tutti, pretendi la stessa determinazione da parte di tutti. Ci integriamo presto e ci consideriamo riferimenti reciproci.

Pochi giorni dopo la mia presentazione, ricevo una telefonata dal procuratore di Andrea Pirlo: «Guarda, Andrea ha avuto molte richieste. Lo vogliono l'Inter e il Manchester City. So che giochi col 4-2-4. Andrea vuole essere rassicurato, vuole sapere se lo vuoi davvero. Lui è pronto, in passato ha giocato anche a due a metà campo».

«Digli di non preoccuparsi. Lo prendiamo, ci sarà utile. Ci divertiremo insieme» rispondo.

Prendiamo, a parametro zero, Pazienza dal Napoli. Poi ci sono in ballo Inler e Lichtsteiner, anche loro svizzeri, in partenza rispettivamente da Udinese e Lazio. Insieme con Paratici vado a Londra, dove si gioca l'amichevole Inghilterra-Svizzera, così in un colpo solo possiamo vederli all'opera tutti e due. È un viaggio utile, concludo che Inler non mi serve: perché ingaggiare lui quando abbiamo un giocatore come Pirlo? Lichtsteiner, invece, possiede le qualità giuste per il mio gioco. Ne discuto con Paratici, poi chiamiamo Marotta per comunicargli le mie valutazioni.

La Juve stava già seguendo il cileno Arturo Vidal, impegnato in Coppa America con la sua Nazionale. Viene da un'ottima stagione nel Bayer Leverkusen, grande rendimento e tanti goal, dieci, miglior marcatore della sua squadra. Non lo conosco benissimo, anche se i riscontri dei nostri osservatori sono tutti positivi, ma un segnale mi fa capire che dev'essere effettivamente molto bravo: lo vuole a tutti i costi il Bayern Monaco. Se Rummenigge e compagni cercano questo giocatore, non può che essere di grande qualità.

Per fortuna Rudi Völler, direttore sportivo del Leverkusen ed ex centravanti della Roma, non vuole cederlo a una concorrente diretta. Dunque, strada spianata per noi: Arturo viene alla Juve.

A quel punto cerchiamo di acquistare anche Agüero. Lo inseguiamo per parecchio tempo, ma si profila un'operazione troppo costosa. Il giocatore è importante ma le cifre sono stratosferiche. Non sono possibili. E all'orizzonte bianconero spunta Vucinic, fortissimo e funzionale al nostro progetto.

Il quadro comincia a prendere forma.

L'inizio della stagione è un momento chiave. So di avere un periodo iniziale a mia disposizione, che chiamo "periodo bonus", in cui un calciatore cerca di valutare il carisma, le idee e la personalità dell'allenatore, in cui cerca di capire se può fidarsi e consegnarsi a lui totalmente.

Per fortuna trovo un gruppo straordinario. La vecchia guardia, in particolare, desidera che qualcuno ridesti il loro orgoglio.

«Ragazzi, mi rivolgo in primis a voi che state qui da tanti anni. Non voglio più vedere una squadra che giochi sulle caratteristiche dell'avversario, non voglio più vedere una squadra rinunciataria, non voglio più vedere una squadra che aspetti nella metà campo per giocare sulle ripartenze. Voglio una squadra che, al di là del risultato, faccia sempre la prestazione, giochi a calcio dal primo all'ultimo minuto; vada a pressare alto, tenendo ritmi alti, intensi, una squadra che ragioni da grande anche se in questo momento ancora non lo siamo.»

Guardo le facce di Buffon, di Del Piero, di Pirlo e degli altri ragazzi che comincio a guidare: annuiscono, approvano. Come se dicessero: è quello che vogliamo. Tutti protagonisti in un gioco di squadra.

Più volte ripeto un concetto che devono memorizzare: mentalità vincente. Dobbiamo acquisirla, possederla, volerla fino in fondo. I ragazzi sorridono, contenti e d'accordo con le mie idee, sento che mi capiscono. Comincio a lavorare sulla fase offensiva e poi su quella difensiva, illustrando sempre i movimenti che richiedo a ogni calciatore, spiegando e rispiegando se necessario. Parto dal presupposto che se un giocatore viene a chiederti il perché di una cosa e tu non rispondi, significa che non sei padrone della situazione. «Se non capite dovete sempre chiedermi: "Mister, perché?", e se quel giorno non saprò rispondervi vorrà dire che vi ho detto una sciocchezza» ripeto spesso.

Nessuno muove obiezioni. Sono convinti. Buffon, Pirlo e Del Piero sono giocatori con motivazioni altissime che desiderano essere importanti. Questi tre campioni rappresentano con la loro serietà, il loro costante impegno, la loro fame di vittoria, un esempio quotidiano per tutti. Chiellini, Barzagli, Bonucci, Marchisio diventano da subito protagonisti del progetto. E con loro tutti i miei ragazzi. E poi ci sono gli altri, quelli che hanno voglia di affermarsi. Inizio anche dei colloqui individuali con i giocatori: uno alla volta, parlo apertamente con tutti, a cominciare da Del Piero, Buffon e Pirlo fino ai più giovani. Mi interessa sapere quali sono le sensazioni che provano e i loro obiettivi.

Nel ritiro di Bardonecchia mi soffermo a lungo su questi aspetti prima di partire per la tournée americana. Il lavoro fisico finora è stato piuttosto blando, siamo in una località di montagna, a 1300 metri. Il peggio deve ancora venire. «Ragazzi, vi avverto, in America non sarà una gita di piacere. Lì lavoreremo molto duramente.» Tutti sorridono, pensano che stia scherzando.

Siamo nel luglio terrificante di Philadelphia: 38 gradi con un tasso di umidità del 70-75%! Quando arriviamo non andiamo neppure in albergo, subito tutti in campo per l'allenamento. Dobbiamo smaltire il viaggio. I giornali titolano: *Conte stakanovista, li porta subito a lavorare!* Effettivamente è vero.

Il mattino dopo sveglia alle 9, alle 10 tutti in campo a correre. Il sole è a picco, c'è molto caldo. Raduno lo staff: «Iniziamo con il lavoro duro. Caldo o non caldo». E così è: allenamento misto, con la palla e a secco. Qualcuno è molto stanco. Un po' mi arrabbio, perché voglio dare un segnale ben preciso riguardo le motivazioni. Però mi viene un dubbio e dico: «Tutti si lamentano del caldo, voglio provare anch'io». Faccio, da solo, la solita corsetta di quaranta minuti e dopo dieci sono quasi distrutto. Tra me e me penso: "Questi ragazzi sono grandi lavoratori, seri, non si risparmiano". Capisco che i giocatori hanno le qualità morali per darmi quello che chiedo. Dopo la corsetta mi infilo negli spogliatoi e dico pubblicamente quello che prima ho solo mormorato tra me e me: «Siete straordinari, ho provato a correre dieci minuti e sono sfinito!».

In quei giorni negli Stati Uniti cominciamo a capire cos'è il sacrificio, cosa bisogna fare per andare oltre tutti gli ostacoli. Inizia il nostro percorso. La tournée diventa un momento importante per la stagione mettendoci di fronte anche i primi avversari veri, sia pure in una serie di amichevoli. Incontriamo lo Sporting Lisbona, che poi arriverà in semifinale di Europa League. Una buona squadra, ma non forte come il Porto o il Benfica. La terza o quarta in Portogallo. E io mi aspetto di vincere.

In realtà ci strapazzano. Sembrano cavallette impazzite. Si muovono in undici, fanno possesso, corrono moltissimo. Il primo tempo si chiude 2-0 per loro e nello spogliatoio mi scateno: «Li avete visti questi giocare? Ecco, questo è il calcio europeo! Così si gioca! Undici che corrono per riconquistare palla, undici che corrono per fare goal! Noi siamo pronti per farlo? No, ma è questo il tipo di gioco a cui dobbiamo puntare, dobbiamo far crescere l'intensità!».

Nella ripresa Del Piero accorcia le distanze ma finisce 2-1 per loro. Gli italiani d'America accorsi ad applaudire la Juve restano delusi. Come noi, del resto. Ma il test con lo Sporting diventa una base di partenza molto importante per il nostro futuro. Alla fine del primo allenamento sostenuto, comunico ai ragazzi: «Stasera guardiamo insieme il video». I giocatori si scambiano sguardi perplessi e chiedono: «Quale video?». Avevo fatto riprendere tutto l'allenamento. Sono convinto che anche i filmati rappresentino un momento didattico importante. Servono per memorizzare gli errori, per capire meglio cosa fare e cosa non fare.

Le altre due partite, con Club América e Chivas, le vinciamo. È importante, non solo per il morale, ma perché dobbiamo comprendere in ogni aspetto la differenza sostanziale che passa tra vincere e perdere. C'è un abisso. Chi dice: «Dai, abbiamo pareggiato», «Va bene, vinceremo la prossima volta» mi fa arrabbiare. Non è questo l'atteggiamento che voglio vedere. Per me uscire sconfitto dal campo è come una morte temporanea di due giorni. Fatico a parlare. È una sofferenza convinta, voluta, che mi aiuta a trovare rimedi per migliorare sempre. Per questo cerco di trasmetterla ai giocatori, anche loro devono capire fino in fondo il dolore della sconfitta e le gioie della vittoria.

Ripeto spesso: «Quando si vince, bisogna godere quelle sensazioni. È giusto che voi sappiate cosa significa assaporare la gioia. Se questi momenti vi rimangono dentro, farete il possibile per riprovare queste emozioni».

Il precampionato risulta non troppo agevole. A metà agosto giochiamo a Salerno contro il Betis Siviglia e di nuovo vediamo poco la palla. È qui che comincio a pensare che il 4-2-4 non sia la soluzione migliore. È vero che non siamo in piena forma, che Vidal non è ancora arrivato, però sono pervaso da dubbi. Il match finisce 0-0, ma non è una prestazione brillante.

Annoto gli spunti che mi serviranno per scegliere il modulo migliore quando saremo al completo e avrò tutti gli uomini a disposizione. Negli spogliatoi, con i ragazzi, decido di minimizzare: «Non sono arrabbiato. Avete dato tutto quello che avete in corpo. Per ora può bastare». Per ora.

L'appuntamento successivo è il Trofeo Berlusconi contro il Milan campione d'Italia. Nei primi quarantacinque minuti siamo assenti ingiustificati. Alla fine del primo tempo mi infurio ma non tanto per il risultato, che comunque ci vede sotto 2-0: «Da voi mi aspetto personalità. Finora non l'ho vista. Stiamo giocando con una grande squadra, la favorita per lo Scudetto. Adesso voglio vedere una reazione».

In effetti, nella ripresa il gioco migliora, Vucinic

segna il 2-1 che fissa il punteggio finale. Io, comunque, sono arrabbiato. Ne parlo anche con Buffon e Del Piero.

Dopo Betis e Milan, sono un po' preoccupato, ma anche fortemente determinato a fare tornare la Juventus una squadra vincente.

Riprendiamo a lavorare in vista dell'esordio in campionato, previsto a Udine per il 28 agosto. Un inizio difficile, contro una squadra rodata e arrabbiata per l'eliminazione ai preliminari di Champions. Lo sciopero dei calciatori fa slittare il calendario e si comincia in realtà con la seconda giornata, nella quale affrontiamo il Parma in casa.

Prima dell'esordio, l'8 settembre, nell'anno del 150° anniversario dell'Unità d'Italia, viene inaugurato lo Juventus Stadium. Per l'occasione sfidiamo in amichevole il Notts County, il club professionistico più antico al mondo, da cui la Juve, nel 1903, ha "ereditato" la divisa bianconera.

L'ingresso nella nostra nuova casa è da brividi, un'emozione indimenticabile. C'è un'atmosfera nuova, magica, qualcosa di sensazionale. Spalti strapieni di gente in delirio, il pubblico quasi in campo con noi come avviene negli stadi inglesi. Tutti coloro che hanno contribuito alla storia bianconera – presidenti, allenatori, giocatori – sono convocati per partecipare alla festa. È la serata dell'orgoglio juventino. È la serata in cui a tutti viene ribadito cosa vuol dire far parte della Juventus, il privilegio e la responsabilità di vestire quella maglia. Il risultato finale, un pallido 1-1, non è determinante in quel contesto. Ovviamente avrei voluto vincere anche quella partita, ma abbiamo messo un mattone importante nella costruzione del nostro progetto, nel raggiungimento dei nostri obiettivi: quello del senso di appartenenza. Anche Del Piero e Buffon confidano di aver provato nuove emozioni. Gigi non usa mai mezzi termini: «Ho sentito alcune cose che erano sopite. Anzi, che pensavo di non poter più avvertire» mi confida.

E finalmente arriviamo all'esordio col Parma. C'è una grandissima voglia di far bene. Lo so, lo percepisco. Ne ho la certezza quando invio alcuni sms ai giocatori impegnati con le Nazionali e quasi tutti mi rispondono che il loro pensiero è sempre rivolto anche alla nostra prima partita.

Prima di uscire dal tunnel che conduce al terreno di gioco guardo in faccia i miei ragazzi: sono feroci. Inizio col 4-2-4 schierando Buffon, Lichtsteiner e De Ceglie sugli esterni, Barzagli e Chiellini centrali, Marchisio e Pirlo in mezzo al campo, Pepe, Del Piero, Matri e Giaccherini davanti. Nel secondo tempo faccio entrare Vidal. Dopo poco più di cinque minuti realizza il suo primo goal in Serie A. In generale, il suo ingresso migliora tutto, la squadra riconquista più facilmente il pallone. Entra anche Krasic sulla fascia, ma, come a Milano nel Trofeo Berlusconi, non mi convince fino in fondo: con il 4-2-4 è fondamentale avere esterni che per primi cerchino di recuperare la palla. In quel ruolo servono giocatori di grande tecnica, che effettuino movimenti particolari. I suoi sono riconoscibili. Gli avversari lo raddoppiano e lo bloccano.

Per essere la prima partita, va benissimo: vinciamo 4-1 e il giorno dopo la «Gazzetta» titola: *Juve da urlo, Parma spazzato via.*

La seconda partita è a Siena, per me uno stadio pieno di ricordi e di emozioni. Vinciamo 1-0 ma soffriamo tantissimo. Alla quinta abbiamo il primo vero test delle nostre ambizioni: a Torino arriva il Milan. Loro si presentano nel nostro nuovo stadio dopo aver rilasciato dichiarazioni nelle quali affermano di voler imporre il loro gioco, essendo i campioni d'Italia. Nel corso del match alterniamo 4-3-3 – con Vucinic punta centrale, Krasic e Pepe sulle fasce – e 4-1-4-1. Facciamo una partita straordinaria sotto ogni punto di vista: tecnico, tattico, motivazionale. Anche se fino all'ottantacinquesimo la palla non vuole saperne di entrare. Poi Marchisio in sei minuti segna due goal e vinciamo.

Questa partita rappresenta un momento importante perché abbiamo la prova di poter battere una squadra molto forte, e quindi di avere la possibilità di fare un grande campionato. Il gruppo rimane sempre umile. I giocatori capiscono che per raggiungere risultati eccezionali dobbiamo dare il massimo. Questo vale per tutti: dall'allenatore ai giardinieri di Vinovo, che con la pioggia, con la grandine, con la neve sono sempre sui campi a lavorare per noi. Ciascuno deve dare il 100% nel proprio ambito, più o meno visibile che sia. Ogni componente è determinante in quanto elemento di una sinergia che è alla base di qualsiasi risultato. In un periodo dell'anno c'è stata una nevicata eccezionale ma noi abbiamo avuto a disposizione due campi in erba perfetti. Quando è finita l'emergenza ho chiamato il capo giardiniere e gli ho detto: «Portami tutte le persone che lavorano con te». Sono arrivati senza sapere cosa avessi da dirgli. Nel frattempo avevo radunato la squadra perché li ringraziasse per quello che avevano fatto per noi. Li avrei portati tutti in conferenza stampa con me: giardinieri, medici, fisioterapisti, magazzinieri, perché sono uno che chiede tanto, ma so riconoscere i meriti e dire grazie. Non deve venire mai meno la ricerca dell'eccellenza. Metto nel lavoro quotidiano tutta la passione che ho dentro. È l'unico "metodo" che conosco.

Durante la stagione pareggiamo qualche partita di troppo e rispetto ad alcune recrimino. Non lo faccio sul pareggio di Napoli. Su questo campo difficilissimo superiamo una tappa piena di insidie. Chiudiamo il primo tempo sotto di due goal: qualcuno durante l'intervallo si aspetta cambiamenti, invece non ne effettuo nessuno. Rientriamo in campo con gli stessi undici. Accorciamo 2-1, poi Pandev segna ancora per il Napoli, infine piazziamo l'uno-due che ci permette di raggiungere il pareggio. 3-3. E se la partita fosse durata cinque minuti in più forse avremmo anche vinto. Per la prima volta varo un altro modulo, il 3-5-2. Anche questa partita rappresenta una tappa importante del nostro cammino.

Quando i ragazzi tornano negli spogliatoi, a fine partita, oltre ad avere un punto in più in classifica siamo diventati più forti. C'è una nuova consapevolezza: "Quest'anno è diverso" si dicono. "L'anno scorso questa partita l'avremmo persa; ora, invece, lottiamo fino in fondo con la convinzione di poter sempre recuperare."

Il presidente mi fa i complimenti per il gioco, mi fa sentire la sua vicinanza. Tra noi esiste una forte alleanza. È sempre presente, come lo sono sul piano tecnico Marotta e Paratici. E poi, io sto mantenendo la promessa che avevo fatto ad Andrea all'epoca del nostro primo colloquio: la Juve deve agire come una grande squadra. Agnelli ci sostiene in ogni istante. Abbiamo un rapporto costante, c'è un confronto senza limiti, parliamo di tutto. Lui è curioso, si interessa degli aspetti tecnico-tattici ma non interviene mai nelle scelte. Ascolta con estrema attenzione. Esprime le sue opinioni, qualche volta dissente, altre conviene con me sulle soluzioni. Gli interessa soprattutto il Verbo. Riportare negli spogliatoi il verbo Vincere, proprio così, con la "V" maiuscola; restituire ai giocatori il senso di appartenenza, far scoprire a chi ancora non lo conosce il valore della storia juventina, della tradizione, della maglia. Quando arrivano i momenti difficili, Andrea resta al mio fianco: «Stai tranquillo, Antonio, alla fine ce la faremo. Tu lo sai come si vince. Cerchiamo di riprodurre quella vecchia magia». Anche John Elkann mi è stato accanto fin dal primo giorno.

«Sono convinto che mio cugino abbia fatto la scelta giusta» mi ha detto quando l'ho incontrato. «Tu sei adatto, con il tuo passato, per riportare alla Juve quello spirito e quel senso di appartenenza che sono sempre stati la nostra forza.» La grandezza della famiglia Agnelli, in tutte le componenti, è che rispettano il lavoro di tutti, ti sono accanto senza essere mai invadenti.

Quando sei calciatore certe cose non le vedi, e forse è giusto così. L'allenatore invece ha una responsabilità molto più grande. Ha necessità di avere le spalle coperte. Una società forte, cioè dirigenti che ti aiutano, ti proteggono e ti fanno lavorare con serenità.

Giorno dopo giorno il sodalizio tra me e la società si rafforza, Marotta mi attribuisce pubblicamente i meriti dei risultati e della gestione della squadra. Per esperienza, so che non è da tutti. E l'abbraccio finale sul campo di Trieste, dopo la conquista matematica dello Scudetto, fotografa bene la nostra sintonia.

Ma per arrivare a quello splendido 6 maggio la strada è ancora lunga.

Capitolo sedici

Scudetto

Il torneo procede con una continua alternanza al vertice tra il Milan e noi. Restiamo in vetta, da soli o in coabitazione con il Milan, per l'ultimo scorcio del girone d'andata e per le prime giornate di ritorno. Poi subentra qualche difficoltà e rimediamo due pareggi consecutivi contro Parma (0-0 al Tardini) e Siena (0-0 in casa). Perdiamo un po' di terreno. Bologna-Juve viene rinviata per neve mentre il Milan porta a termine il sorpasso vincendo 2-1 a Udine.

Il 25 febbraio, a San Siro, è in programma l'attesissimo big match. Il Milan arriva con un punto di vantaggio "virtuale" in classifica – dato che noi abbiamo una partita da recuperare – e con una grande voglia di vendicare la sconfitta secca dell'andata. I giornali parlano di sfida decisiva per lo Scudetto. So che la partita è importante, ma dobbiamo comunque disputare quasi tutto il girone di ritorno: è ancora molto aperto. La vigilia è carica di tensioni.

In campo il Milan ci attacca subito e dopo un quarto d'ora subiamo goal dalla distanza. È un momento determinante in cui cerchiamo di ritrovare ordine e gioco. Pochi minuti più tardi, Muntari gira in rete da due passi e, nonostante Buffon abbia un guizzo pazzesco la palla entra. La rete non viene assegnata.

La partita diventa nervosa. Ho vissuto molte situazioni simili durante la mia carriera e riesco comunque a gestire il momento. Ma sono nervosissimo per il risultato e per la tensione. Durante l'intervallo ho un acceso diverbio con Galliani. I toni sono aspri, vista l'importanza della sfida, anche se tutto finisce lì. In ogni caso, dopo un po' di tempo, sento il dovere di contattare Galliani, che considero per competenza uno dei migliori dirigenti del panorama calcistico mondiale, al fine di chiarire ulteriormente l'episodio e scusarmi. A dieci minuti dalla fine Matri segna un goal regolare che non viene convalidato. Fuorigioco inesistente. Continuiamo a premere e poco dopo lo stesso Matri segna di nuovo per l'1-1 finale.

Il dopopartita si caratterizza per le molte polemiche.

Nei giorni successivi lavoro con la squadra per mantenere alta la concentrazione. Dobbiamo pensare alla prossima partita senza farci trascinare all'interno di uno sterile meccanismo polemico che può soltanto rubarci energie. Per fortuna la domenica si torna a giocare. La corsa-Scudetto è ormai un testa a testa avvincente. Il Milan conserva il primato solitario per altre sei giornate, riportando il proprio vantaggio a quattro punti. A riprova di quanto sia logorante, equilibrato e difficile il nostro campionato, la squadra rossonera pareggia a Catania e perde in casa contro la Fiorentina. A quel punto riusciamo a superarli, ma questo grazie a una serie di vittorie, che evidenzia i risultati del nostro lavoro.

Adesso dobbiamo convivere con un vantaggio di tre punti, altra tappa fondamentale per la nostra crescita. Avere personalità di squadra significa saper inseguire ma anche saper condurre.

Il pareggio in casa con il Lecce, paradossalmente, si trasforma in un valore aggiunto. Ci consente di dimostrare a noi stessi di non subire la paura di vincere.

Ci restano due partite per coronare il nostro sogno: Cagliari sul campo neutro di Trieste e Atalanta in casa. In allenamento riscontro in tutti la consapevolezza che stiamo per conquistare meritatamente una vittoria memorabile. Non ho paura di perdere il campionato perché mi fido dei miei ragazzi e conosco il loro valore.

Conquistiamo lo Scudetto con una giornata d'anticipo. Dopo alcuni anni di sofferenza sportiva la Juventus torna a essere Campione d'Italia. Conclude il campionato da imbattuta.

Nei momenti che seguono la fine della partita mi abbandono alla gioia più sfrenata. Urla festose, abbracci, tante emozioni. Guardo i miei giocatori felici, i dirigenti, il presidente, e sono orgoglioso. Come lo sono quando arriviamo a Torino. Sapere di regalare a milioni di tifosi una soddisfazione simile rappresenta un'esperienza che ti porti dentro tutta la vita, indimenticabile.

Nei giorni successivi, con più calma, riesco a guardarmi dentro. Penso al momento della firma del contratto con la Juventus, un anno prima, a quello che speravo di poter realizzare. Ai sacrifici, alla tenacia, alla cura di ogni dettaglio, al rapporto importante creatosi con la squadra e la società.

Quello che poteva sembrare un sogno è diventato realtà. Un altro risultato, nella mia vita professionale, raggiunto con testa, cuore e gambe.

Capitolo diciassette

La partita più difficile

È stata una stagione faticosa, emozionante e meravigliosa al tempo stesso. A un solo anno dal mio ritorno a Torino, la Juventus è di nuovo regina d'Italia. Quando anche l'ultimo fuoco dei festeggiamenti è spento, realizzo di avere assoluto bisogno di un po' di riposo. Soprattutto, ho bisogno di ritrovare insieme con Elisabetta quel silenzio, quella complicità solo nostra che, in settimane tanto intense dal punto di vista sportivo e mediatico, siamo stati costretti a mettere da parte. Abbiamo bisogno di tornare a fare un po' i fidanzati, ecco, e ritagliarci un momento solo per noi. Così prenotiamo – o meglio prenota lei, che diversamente da me è bravissima a gestire tutta la parte logistica di una vacanza – un weekend in un centro benessere vicino a Torino e partiamo affidando la nostra Vittoria alle cure dei nonni.

Durante il breve viaggio che ci porta a destinazione, la mia mente è divisa: da una parte riascolto l'eco delle grandi emozioni che lo Scudetto mi ha regalato, dall'altra ho voglia di staccare completamente la spina e dedicare tutto il mio tempo a Elisabetta. E così faccio:

la spa è bellissima, la privacy garantita, ci rilassiamo e ci godiamo due giorni di pace come se fossimo fuori dal mondo. Riesco persino a dormire di notte, cosa per me tutt'altro che scontata.

Il nostro programma prevede di rientrare a Torino nella giornata di lunedì 28 maggio. Senza fretta, prendendocela comoda fino all'ultimo. Per questo affrontiamo pigramente i preparativi per la partenza. Quando accendiamo i cellulari però, veniamo entrambi investiti da un numero inusuale di messaggi. Non li leggiamo subito, scegliamo di preservare quegli ultimi preziosi momenti di quiete. Pensiamo che quegli sms vengano dagli amici e dai familiari con cui non ci siamo sentiti nel fine settimana. Sono comunque troppi, c'è qualcosa di strano. Così decido di leggerne uno e nel momento stesso in cui lo faccio mi ritrovo sbalzato in un incubo, entro in una specie di dimensione parallela. Ancora non posso saperlo, ma sta per cominciare un capitolo ben preciso della mia esistenza, un capitolo a sé, che avrà fine solo sette mesi dopo.

Scorrendo gli sms mi rendo conto di essere investito da una situazione talmente inaspettata che su due piedi non riesco neppure a capirla del tutto.

Hanno perquisito casa mia. La polizia è entrata nell'appartamento all'alba, svegliando di soprassalto mio fratello Daniele che abita in quello accanto. Hanno sequestrato un iPad, vecchie sim di cellulari ormai in disuso, un computer. Daniele ha avvertito il mio avvocato, che è in viaggio, sarà lì a momenti. Di cosa mi accusano? Associazione a delinquere finalizzata all'alterazione di partite. Non che saperlo mi aiuti a capire di più: associazione a delinquere è una formula che conosco per averla letta sui giornali, ascoltata alla tv, ma che non avrei mai immaginato potesse riferirsi alla mia vita. Gli attimi, quegli attimi che non scorderò mai, si fanno improvvisamente concitati e carichi di tensione. L'incubo prende forma. Chiamo Daniele e cerco di capire qualcosa di più, ma lui non può dirmi nulla, vive di riflesso lo stesso sgomento che vivo io. Chiamo l'avvocato, ma anche lui non può aggiungere nessun elemento utile: «Antonio, sono in macchina, devo leggere le carte».

Continuo a scorrere l'elenco degli sms ricevuti sul mio cellulare. Sono testimonianze di sgomento e incredulità, per la rabbia ci sarà tempo. Sono totalmente in balia delle mie emozioni. Non ho voglia di parlare con nessuno e ho voglia di parlare con tutti per capire cosa sta succedendo. Ho voglia di spaccare la stanza, ma anche di non muovermi, di restare immobile e aspettare che le cose si chiariscano da sole, senza fare niente. Non ho nulla da temere e non mi spiego cosa siano andati a cercare in casa mia. Rientro con Elisabetta anche io a Torino. È un viaggio breve, ma carico di tensione, di sgomento, che annulla in pochi minuti gli effetti benefici del nostro weekend. Quando arriviamo, la casa è già circondata da fotografi e giornalisti. Le radio e le televisioni stanno mandando news a ripetizione. In automobile ne abbiamo già avuto un assaggio. Ci sono addirittura persone arrestate ma poco importa. Il nome in primo piano è il mio. Nella confusione generale trovo Daniele e l'avvocato. Dalle loro facce capisco che, senza sapere come e perché, siamo a tutti gli effetti immersi in una situazione assurda.

I giorni successivi alla perquisizione sono scanditi da atti formali e da lunghe riunioni. Tra gli atti formali rientra il deposito delle nomine dei miei avvocati alla Procura. Oltre al mio, entrano in gioco anche quelli della Juventus. Già, perché l'indagine riguarda il campionato 2010/11 e all'epoca ero al Siena, ma la Juve è indirettamente coinvolta in quanto ne sono l'allenatore. In queste riunioni, quindi, non entra solo la componente giuridica, ma anche quella tecnica e comportamentale di tutti. Il comune denominatore è lo sgomento. In certi momenti mi ritrovo a immaginare di osservare la situazione da fuori, come se ne fossi semplice spettatore. Guardo Andrea Agnelli, guardo Marotta, i quali da subito si schierano decisamente e pubblicamente al mio fianco, guardo gli avvocati, li ascolto e intanto mi chiedo: «Come posso essere io l'oggetto di tutti questi discorsi? Come siamo arrivati a questo punto? Perché?».

In quei momenti monta la rabbia, prende corpo la consapevolezza dell'ingiustizia che sto subendo. Passano alcuni giorni e viene resa nota la tesi accusatoria: un mio calciatore ai tempi del Siena afferma che sarei stato a conoscenza della combine di due partite del campionato di Serie B 2010/11, Novara-Siena e Albinoleffe-Siena. Addirittura, nel caso della prima, mi accusa di aver comunicato nella riunione tecnica che quel giorno bisognava pareggiare.

Oggi, se mi guardo indietro, dico: «Be', la cosa doveva finire lì, subito». L'accusa era talmente assurda, talmente lontana dal mio DNA, da non meritare approfondimenti. Ma con il tempo ho capito anche che finirla lì non era possibile, perché un'accusa così grave apre una voragine, anzi due: una riguarda la giustizia penale, l'altra la giustizia sportiva. La prima compie un percorso logico, lungo, ma con parametri ben precisi; la giustizia sportiva no. La giustizia sportiva, lo capirò nei mesi che seguiranno, è fondata su un meccanismo perverso per il quale sei tu, accusato, a dover dimostrare l'estraneità ai fatti. In gergo giuridico, si parla di "inversione dell'onere della prova". Dimostrare che qualcuno ha detto una bugia su di te è molto difficile, quasi impossibile, i motivi che l'hanno spinto a farlo possono essere i più vari: antipatia, rancore, interesse, denaro... Come ci si può difendere da un'accusa di questo genere?

La cosa che più mi crea dolore in quei giorni è leggere le prospettive drammatiche che alcuni delineano parlando addirittura di carriera finita. Non sono ancora stato convocato una volta in Procura e già iniziano a girare i nomi dei possibili sostituti sulla panchina della Juve. Una carriera fondata sul sacrificio, sul sudore, nella quale nessuno mi ha regalato niente, frutto di studio e di applicazione, di disciplina e di grande severità con me stesso prima che con gli altri, rischia di finire perché una persona ha raccontato delle bugie. O meglio: ha *inventato* di sana pianta un racconto, che è cosa ben diversa dal modificare la realtà con una bugia.

Ma non c'è tempo per lamentarsi: gli incontri con gli avvocati si susseguono a ritmo serrato. Da subito prendo una decisione importante: sarò protagonista della mia difesa. Non subirò decisioni che non condivido, anche qualora a suggerirle siano eccellenti professionisti e non aspetterò seduto in un angolo che qualcuno mi chiami per dire la mia. Intuisco che solo partecipando attivamente potrò scegliere la soluzione giusta al momento giusto e chissà, magari anche capire perché sono finito in questa situazione.

Mi approccio alle questioni giudiziarie con il metodo che utilizzo da allenatore, martello e incalzo i miei: «Cosa possiamo fare?». Ripeto la domanda quasi ossessivamente finché, a furia di consumare le carte, non ci viene un'idea. Leggendo le motivazioni della sentenza di un processo sportivo già concluso, anch'esso basato sulle dichiarazioni dei cosiddetti "pentiti", individuiamo un elemento che si dimostrerà fondamentale: i giudici di quel processo dicono che devono essere le difese a cercare e produrre prove di innocenza, dimostrando la "non credibilità" degli accusatori e non limitarsi semplicemente a sostenere che non sono credibili. Ecco l'appiglio che cercavamo. Saremo i primi a percorrere la strada delle indagini difensive. Il "pentito" che mi accusa afferma che alla vigilia di Novara-Siena tutti i presenti alla riunione tecnica hanno sentito il discorso in cui avrei dato notizia del pareggio? Benissimo, raccogliamo le loro testimonianze. Sentiamo cosa dicono.

Scatta un'operazione-lampo faticosissima, che io coordino e indirizzo: «Cos'abbiamo già fatto? Quanti giocatori ci mancano? Quando sentiamo questo? Dove troviamo quest'altro?». I miei avvocati si muovono come schegge lungo tutta l'Italia, accompagnati di volta in volta da altri avvocati di altri fori per garantire la massima asetticità possibile alle indagini: Giulianova, Piacenza, Siena, Bologna, Padova, Lodi, Palermo, Napoli senza un attimo di tregua. In pochi giorni raccogliamo una ventina di deposizioni, tutte univoche: non ho mai pronunciato le parole riferite dal "pentito". Anzi, molti calciatori riferiscono spontaneamente che in quella famosa riunione tecnica – svoltasi peraltro con modalità molto diverse da quelle descritte dal "pentito" – ho pronunciato un discorso motivazionale molto emozionante, che aveva anche commosso alcuni di loro. Altro che combine!

Mentre gli avvocati portano a termine la raccolta delle testimonianze, vado qualche giorno in vacanza a Ibiza. Be', vacanza è una parola grossa: il posto è bellissimo, ho accanto la mia famiglia e i miei amici, ma la verità è che una parte della mia testa è costantemente occupata dalle vicende giudiziarie. Vado al bar a bere qualcosa, ma non sono mai completamente lì; parlo con un amico e non gli dedico il cento per cento dell'attenzione. In più, trascorro molto tempo al telefono per dare indicazioni e conoscere le novità. Con tutto lo stress accumulato durante l'anno, non era certo questo il genere di vacanza che immaginavo. Il tempo corre veloce. Abbiamo depositato tutto il materiale probatorio raccolto. La mia audizione in Procura Federale è fissata per il 13 luglio. Quel giorno avrò finalmente la possibilità di raccontare la mia verità a chi di dovere. Neppure prima della famosa perquisizione sono stato interrogato. Mai una volta. Cinque, invece, sono le esternazioni concesse al "pentito" che mi accusa dal giorno del suo arresto: ogni volta una versione diversa, modificata sempre senza riscontri, senza alcun tipo di conferma.

Parto con i miei avvocati il 12 dall'aeroporto di Aosta, che raggiungo direttamente dalla sede del ritiro: durante il decollo dalla coda dell'aereo si solleva un odore acre, come di bruciato. Confesso che a bordo ci spaventiamo un po'. Un segnale, dal quale dovrei capire che non ci aspetta nulla di buono. In realtà sono molto fiducioso, sereno. Al punto che la sera preferisco andare a mangiare qualcosa fuori, rilassarmi: non voglio preparare nulla in vista dell'audizione. Anche perché non ho nulla da preparare, il compito che mi aspetta il giorno dopo è tanto importante quanto agevole: raccontare la verità. Ripercorrere i fatti per come sono realmente accaduti. Quando nel primo pomeriggio arriviamo in Procura trovo ad accogliermi decine di giornalisti e telecamere piazzate in ogni angolo. Entrare in aula richiede uno sforzo fisico, devo farmi largo tra urla, incitamenti e spintoni. Quella ressa è la fotografia perfetta della vicenda: un enorme clamore che diventa inevitabilmente spettacolo.

Quando inizia il colloquio, di fronte a cinque membri dell'ufficio Indagini, mi rendo conto di quanto la giustizia sportiva fatichi a tenere il passo dei tempi anche da un punto di vista tecnologico. Davo per scontato che il colloquio venisse registrato, invece la verbalizzazione avviene manualmente, scrivendo frase dopo frase al computer, con buona pace della fluidità del discorso. Tutto è appesantito dal tempo necessario per trascrivere, per rileggere... Io mi do un unico obiettivo: la massima chiarezza, anche a costo di precisare cento volte che «no, non ho detto così», «qui bisogna correggere» eccetera.

Dico la verità, al termine dell'audizione mi sento sollevato: ho descritto le situazioni in maniera perfetta, senza esitazioni, senza contraddizioni. Sono addirittura sicuro di aver convinto i giudici della mia innocenza. Non resta che fare il conto alla rovescia durante le due settimane che mi separano dalla data del deferimento, fissato per il 26. Sarà quello il vero spartiacque. Io non merito di essere processato e questo deve essere molto chiaro. Io rifiuto l'idea stessa di essere processato, perché sono innocente. Ma dal momento che sono una persona di buon senso, capisco anche che una cosa è essere processato per illecito, altra è essere processato per omessa denuncia. Le voci impazzano, leggo tutto e il contrario di tutto. Faccio fatica a uscire dal recinto dell'incredulità e della rabbia. Sono ancora molto lontano dal comprendere il senso nascosto dietro questa storia. Che pure c'è, e alla fine si rivelerà...

Il deferimento segna uno dei momenti più paradossali dell'intera vicenda. Vengo deferito per omessa denuncia eppure, a detta di molti, avvocati compresi, devo accogliere la notizia quasi con sollievo. È una cosa folle, non ci sono altre definizioni. «Dai, l'illecito ce lo siamo tolti, è già qualcosa...» È già qualcosa?! Come può un innocente tollerare queste parole? Sono uno sfregio alla mia dignità. Ormai è palese che ci muoviamo in un contesto totalmente privo di logica.

Abbiamo meno di una settimana per preparare il processo del 1° agosto. Sono molto deluso ma deciso a combattere come sempre. "Antonio, devi affrontare anche questa prova" penso. "Vai a processo e afferma la tua innocenza." Non ho nessuna intenzione di scappare. Eppure, giorno dopo giorno, inizia a profilarsi un'altra possibilità e a offrirmela non è un gruppo di alieni, come mi verrebbe da pensare vista la sua assurdità, ma i miei avvocati.

Patteggiamento.

Com'è lontano da me questo concetto, com'è lontano dal mio cuore, dalla mia mente. Io non ho mai patteggiato niente nella mia vita, non conosco intercessioni o mediazioni forzate. Conosco invece il valore della volontà, dell'onestà, del lavoro. E ora, nel mezzo di quest'estate terribile, improvvisamente mi suggeriscono che devo, posso, dovrei, potrei *patteggiare*. Per non far sembrare i miei avvocati dei matti, preciso che il patteggiamento nell'ambito della giustizia sportiva non è un'ammissione di responsabilità, ma un'opportunità di non svolgere il processo ricevendo uno sconto di pena. Mi dicono: «Guarda Antonio, non devi ammettere niente». Aggiungono: «Così chiudiamo per sempre questa storia e torni a concentrarti sulle cose che ami fare. Per una volta magari metti i tuoi principi in secondo piano». Sono tutte frasi lontanissime da me. Non ci sono parole per far capire quanto. Eppure questo è l'unico momento in cui vengo meno al proposito di andare per la mia strada. È qui che commetto il mio unico errore. Accetto il patteggiamento.

Lo faccio pensando di poter essere più utile dedicandomi al mio lavoro, alle mie responsabilità. Antepongo il bene comune al mio. Per stare bene, dovrei solo continuare a lottare per far emergere la verità. Ecco perché anche la quantificazione del patteggiamento è un momento molto doloroso: anche un minuto di condanna per me è un'ingiustizia. Alla fine si arriva a un accordo per patteggiare tre mesi più una pesante multa.

Il giorno dell'udienza, quando gli avvocati si recano a Roma, avviene un colpo di scena. Il patteggiamento salta, i giudici lo ritengono non congruo. La condanna dovrebbe essere aumentata a quattro mesi. Potrei aver subito un danno, invece sono soddisfatto. Incassiamo un colpo basso, eppure sono soddisfatto. È incredibile quanto tutta la vicenda si giochi sul filo sottilissimo del paradosso. Sono felice. Mi hanno tolto un peso dallo stomaco. Mi hanno staccato di dosso una scelta che non mi apparteneva. Torno me stesso, torno a combattere, sono innocente. Per i miei avvocati inizia un tour de force: in nottata rientrano a Torino, al mattino affermo in modo irremovibile la mia volontà di andare a processo e in tarda mattinata ripartono per

Roma. E in questo frangente capisco definitivamente che la giustizia sportiva si muove secondo dinamiche quasi impossibili da *comprendere*, al massimo si può riuscire a *inquadrarle*. La Procura Federale, che aveva dato il consenso a un patteggiamento di tre mesi, chiede una condanna a quindici mesi. Quintuplica l'entità del patteggiamento, un'incongruenza enorme, evidentissima! E così sui siti dei giornali e in televisione si scatena il totocondanna da parte di chi, più o meno volontariamente, in certi momenti dimentica che dietro ai numeri e alle ipotesi ci sono delle vite e che intorno a queste ce ne sono altre ancora. Eppure, dopo aver ascoltato le parole dei miei avvocati in udienza, ancora non abbandono l'idea di essere prosciolto.

Una decina di giorni dopo arriva la sentenza: dieci mesi per le due omesse denunce. Un esito discreto rispetto ai quindici chiesti dalla Procura Federale, peggiorativo rispetto ai tre proposti con il patteggiamento. Per me non è né discreto né peggiorativo: è un'ingiustizia. Sempre nella totale assenza di senso, con la stagione calcistica ormai cominciata, mi ritrovo a lottare su un doppio fronte: da una parte dobbiamo preparare l'appello, dall'altra ci sono le prime sfide sul campo. Parto per Pechino, dove affrontiamo il Napoli in Supercoppa Italiana, senza neppure sapere se potrò sedermi in panchina oppure no.

È un momento buio come la notte: la squalifica mi priva della possibilità di gioire della vittoria assieme ai miei ragazzi, ma soprattutto tocco con mano per la prima volta cosa significhi stare lontano dal campo. Quando prendo posto in tribuna e l'arbitro fischia l'inizio avverto nettissima la percezione del male che mi stanno facendo. È un po' come aver preso un pugno e iniziare solo adesso a sentire il dolore. "Ecco, è questo ciò che mi aspetta per dieci mesi" penso senza togliere gli occhi dal campo.

Prima e dopo la partita, passo al telefono con gli avvocati la maggior parte del tempo: quando in Cina è mattina in Italia è notte fonda, costringo tutti a lavorare senza soste e ci sono dialoghi anche molto duri, carichi di tensione. Al rientro in Italia passo al contrattacco: decido di essere in aula al processo d'appello. "Vengo in aula a respirare questo processo, a guardare in faccia chi mi accusa e chi mi deve giudicare." Non mi sono mai nascosto, non inizierò certo ora. Non sono mai fuggito, mai una volta in tutta la mia vita. Siedo in prima fila. Ascolto tutto in silenzio ed esco dall'aula con la moderata speranza che i giudici abbiano finalmente capito come stanno le cose.

Ma la sentenza e le motivazioni sono un ulteriore tassello di quel puzzle dell'assurdo. Cosa stabiliscono i giudici? Mi prosciolgono per Novara-Siena, la partita del discorso pronunciato davanti a tutti nella riunione tecnica, la partita del presunto «È tutto a posto, pareggiamo», la partita su cui si fonda la credibilità del pentito che mi accusa. Buon risultato. Caduto uno dei due capi d'accusa anche la pena si dimezzerà, no? Invece la pena resta immutata. Perché? Perché in Albinoleffe-Siena intravedono addirittura un quasi illecito. E così lasciano tutto com'era. Manca poco che mi tocchi di ringraziare. Infatti prima ancora che la sentenza venga resa nota, un giudice commenta in diretta radiofonica: «A Conte è andata bene».

Come posso spiegare cosa significhi mettere la propria carriera, la propria vita in mano a qualcuno che assume un atteggiamento del genere? Come può un giudice risultare in questo modo credibile ai miei occhi? E, a proposito di credibilità, dove finisce quella del mio grande accusatore, dato che per Novara-Siena sono stato assolto e lui sconfessato?

Dopo quella sentenza la testa mi scoppia, sono assalito da mille emozioni, da mille stati d'animo, cambio idea ogni minuto sul modo in cui reagire. Poi ne scelgo uno. Non so se sia stato il migliore o il peggiore, sicuramente è stato il più sincero. Convoco una conferenza stampa insieme con i miei avvocati. Anche in questo caso non c'è nulla di preparato. Chi la segue in diretta non vede trucchi o artifici: vede la faccia di un uomo innocente, innocente ed esasperato, innocente e furioso. L'ho riguardata una sola volta, quella conferenza, nei mesi successivi: ero veramente io. E ho la presunzione di aver fatto capire a tutti che a parlare è un uomo sincero, che si sta giocando la dignità. È lì che mi sgorga dal cuore l'aggettivo "agghiacciante" che in poco tempo si trasformerà in un tormentone. La mia vicenda sta diventando un gioco al massacro.

L'ultimo grado di giudizio è il Tnas. Non sono rassegnato, ma sono ormai preparato ad accettare che la verità resterà sepolta dov'è. Infatti arriva uno sconto di pena, da dieci a quattro mesi, accompagnato da una motivazione incomprensibile: *"Non poteva non sapere"*.

Intanto il campionato è ampiamente partito. Vivo questa situazione con un enorme dispendio di energie psicofisiche. Vengo da mesi di tensione, rabbia, amarezza e mi porto tutto dentro, sono un leone in gabbia. Le partite mi mancano da morire. In settimana le preparo con il massimo impegno, curo gli allenamenti con il solito scrupolo, cerco di tenere i ragazzi lontani dalle mie difficoltà personali, ma è dura. È dura non poter guidare con le tue mani una creatura che curi e accudisci ogni giorno della settimana. L'aspetto positivo, se dobbiamo cercarlo, è che la mia assenza dal campo fortifica l'organizzazione della squadra, impone che certi meccanismi provati in allenamento diventino automatici, naturali come il respirare. Nell'intervallo delle partite la sofferenza raggiunge il culmine: immagino quello che potrei dire se fossi giù con i ragazzi, le istruzioni che darei, i volti tesi e concentrati. E invece devo anche ascoltare qualcuno dire: «Ma tutto sommato non è così male che Conte stia lassù. Dall'alto vede cose che dalla panchina non potrebbe vedere. E la squadra sembra andare da sola». Resto in silenzio, le ferite sono profonde. Per qualche settimana mi allontano anche dalle persone che più mi sono state vicine nei mesi del processo.

Vivere le partite dai cosiddetti Sky Box è una prova molto impegnativa: all'inizio il senso di impotenza mi demoralizza al punto che ho un rifiuto della situazione. Non voglio accettarla, è tutto ingiusto, tutto sbagliato, perché dovrei accettarla? Non mi rassegno alla violenza che mi è stata fatta e che si rinnova di settimana in settimana, serate di Champions comprese. Mi hanno privato anche della gioia di guidare i miei ragazzi nel torneo più importante. Abbiamo dato l'anima per esserci e ora il sogno per me si è fatto incubo. Dall'esordio contro i campioni in carica del Chelsea fino alla partita contro lo Shakhtar che sancisce la qualificazione agli ottavi, guardo tutto da lontano. Saranno ventidue le partite ufficiali saltate per squalifica: oltre alla Supercoppa di Pechino, quindici giornate di campionato e il girone eliminatorio di Champions. Alla fine, però, quel girone lo superiamo. La Juve ritorna in Europa e non in punta di piedi, ma con autorità, chiudendo lì dove deve stare: al primo posto. E in occasione del mio ritorno in panchina nell'andata degli ottavi di finale, ci aspetta una sfida tanto dura quanto emozionante: il 12 febbraio, nella stupenda cornice dello stadio di Glasgow, va in scena Celtic-Juventus.

Epilogo

Glasgow, 12 febbraio 2013. Ore 20,43

Quanto tempo ci vuole per ripercorrere mentalmente il film della propria vita? Io l'ho fatto stare tutto in pochi minuti e in pochi metri, sono arrivato alla fine del tunnel che porta in campo. Celtic-Juventus sta per cominciare.

Ho sempre pensato che la mia storia di uomo, calciatore prima e allenatore poi, fosse percorsa da un senso ben riconoscibile. Un senso dato dalla volontà, dal sacrificio, dalla passione che ho messo ogni giorno in tutto quello che ho fatto. Ma, nei mesi durissimi del processo, questo senso credevo di averlo perduto irrimediabilmente. La sensazione che ho provato è stata quella di un vuoto tremendo, di un improvviso black out. Più mi dibattevo per avere giustizia, meno riconoscevo la mia vita. «Perché proprio a me?» era la domanda fondamentale. Non poter rispondere a questa domanda mi gettava nell'angoscia più profonda.

E allora questa serata diventa magica non solo perché sto per esordire da allenatore in Champions League.

Questa serata è magica perché chiude definitivamente il capitolo più brutto della mia vita, perché conclude il mio faticoso percorso attraverso tutto quello che è successo dal 28 maggio al 9 dicembre, giorno del mio ritorno in panchina.

Questa serata è magica perché mi restituisce il Senso. Scritto proprio così, con la S maiuscola.

Il Senso è che la vita ci mette davanti a tante prove che non sempre sono la conseguenza di un errore, di una mancanza, di una colpa. Come si possono spiegare razionalmente delle ingiustizie così grandi? Come possiamo superare certi dolori che ci tolgono il fiato? Forse solo facendo in modo che ci rafforzino e che ci insegnino a gustare appieno le gioie di ogni giorno, e non parlo solo di quelle professionali. Considerandole tappe di un processo di maturazione che non s'interrompe mai.

Dall'ingiustizia del calcioscommesse sono uscito più forte. Più maturo, più determinato. Sono un uomo diverso, che si è lasciato alle spalle la mediocrità di quanti hanno provato a trascinarlo nel fango e che guarda al domani a testa alta, desideroso di nuove sfide. Questa serata magica di calcio sul grande palcoscenico della Champions non mi ripaga dei momenti passati negli Sky Box, né mi restituisce i sorrisi che in questi mesi non ho regalato alle persone che amo, ma segna un punto a capo definitivo. Il futuro inizia oggi.

Non camminerò mai solo.

E ora andiamo in campo a vincere.

Personaggi

Ada e **Cosimo**: i miei genitori, i miei valori.
Gianluca e **Daniele**: i miei fratelli.
Elisabetta: la donna della mia vita.
Vittoria: il mio amore più grande.

In ordine alfabetico

Andrea Agnelli: il mio presidente.

Gianni Agnelli: l'eleganza, l'ironia, l'Avvocato.

Umberto Agnelli: il rigore, il metodo, il Dottore.

Riccardo Agricola: il medico sociale della Juventus nei miei anni in bianconero.

Carlo Ancelotti: un fratello maggiore, mio allenatore alla Juventus.

Francesco Anellino: mio preparatore dei portieri a Siena, amico per sempre.

Roberto Baggio: attaccante. Un fuoriclasse, una persona semplice fuori dal campo.

Roberto Bettega: da bambino era il mio calciatore preferito.

Giampiero Boniperti: una leggenda del calcio. L'uomo che mi ha portato alla Juventus.

Sergio Brio: leccese doc. Ex stopper bianconero, secondo del Trap nei miei primi anni alla Juventus.

Gianluigi Buffon: portiere. Carattere da leader, capitano della Juventus e della Nazionale. Un vero numero uno.

Pantaleo Corvino: il primo a essersi accorto di me come calciatore.

Edgar Davids: centrocampista. Soprannominato "Pitbull" per l'aggressività in campo.

Luigi De Canio: allenatore. Facendogli da secondo a Siena inizia la mia carriera.

Alessandro Del Piero: attaccante. Mio compagno e mio giocatore esemplare, uno dei grandi simboli della storia bianconera.

John Elkann: capacità, eleganza.

Lapo Elkann: simpatia, genialità.

Eugenio Fascetti: l'uomo che mi ha fatto esordire in Serie A.

Ciro Ferrara: difensore. Prima di arrivare alla Juventus era uno degli avversari con cui mi picchiavo di più. Grande amico.

Andrea Fortunato: grande terzino, per sempre con noi nella Juventus.

Luigi Garzya, Walter Monaco, Sandro Morello, Francesco Moriero, Gianluca Petrachi: i ragazzi terribili del Lecce.

Antonio Giraudo: amministratore delegato della Juventus dal 1994 al 2006.

Gheorghe Hagi: attaccante. Con un'entrata cattiva pose fine al mio Europeo 2000.

Filippo Inzaghi: attaccante. Non ho mai incontrato un giocatore con la sua stessa ossessione per il goal.

Franco Jurlano: mio presidente al Lecce.

Marcello Lippi: da allenatore alla Juventus: cinque Scudetti, una Coppa Italia, quattro Supercoppe Italiane, una Champions League, una Coppa Intercontinentale, una Supercoppa Europea. Devo aggiungere altro?

Diego Armando Maradona: attaccante. Il più forte avversario che abbia mai incontrato.

Giancarlo Marocchi: centrocampista. Intelligenza al servizio della squadra.

Giuseppe Marotta: amministratore delegato della Juventus.

Vincenzo Matarrese: mio presidente al Bari.

Carlo Mazzone: maestro nell'usare bastone e carota.

Massimo Mezzaroma: mio presidente al Siena.

Luciano Moggi: direttore generale della Juventus dal 1994 al 2006.

Paolo Montero: difensore. Duro con gli avversari, un fratello per i compagni.

Pavel Nedved: centrocampista. Un ragazzo a cui sono molto legato, una vera e propria forza della natura.

Fabio Paratici: direttore sportivo della Juventus.

Giorgio Perinetti: mio direttore sportivo nelle stagioni da allenatore a Bari e a Siena.

Angelo Peruzzi: portiere. Un amico. Con lui mi vedevo anche fuori dal campo.

Andrea Pirlo: centrocampista. Un fuoriclasse di rara personalità.

Fabrizio Ravanelli: attaccante. Uomo genuino, di cuore.

Ronaldo: attaccante. Il Fenomeno, devastante al suo primo anno in Italia.

Alessandro Ruggeri: mio presidente all'Atalanta.

Arrigo Sacchi: il tecnico che mi ha letteralmente aperto la testa e ha cambiato la mia concezione del calcio.

Stefano Tacconi: portiere. Grande personalità e simpatia.

Lilian Thuram: difensore. Il prototipo del centrale che ogni allenatore vorrebbe.

Giovanni Trapattoni: un secondo padre. Il mio primo allenatore alla Juventus.

David Trezeguet: attaccante. Semplicemente, non c'era una parte del corpo con cui non riuscisse a segnare.

Louis Van Gaal: un maestro di calcio.

Giampiero Ventrone: soprannominato Marine. Per dieci anni preparatore atletico alla Juventus.

Gianluca Vialli: attaccante. Il leader. Uno dei compagni a cui sono più legato.

Zinédine Zidane: centrocampista. Giocatore di classe purissima, un talento innato per far apparire semplici le cose impossibili.

Dino Zoff: leggenda della Nazionale e mio CT a Euro 2000.

Ringraziamenti

Desidero ringraziare i miei genitori, mamma Ada e papà Cosimo, per i valori che mi hanno trasmesso e i sacrifici fatti.

I miei fratelli Gianluca e Daniele, per la loro presenza e sostegno quotidiani.

Mia moglie Elisabetta, per l'amore e la comprensione.

Mia figlia Vittoria, per il grande amore che riempie ogni mio giorno.

E grazie all'avvocato Antonio De Rensis, per l'amicizia e la professionalità dimostratami in questi anni.

AC

Indice

Finito di stampare nel mese di maggio 2013
presso il Nuovo Istituto Italiano d'Arti Grafiche – Bergamo

Printed in Italy